Jean-Marie Bomengola

L'enjeu des livres et des images dans l'Église catholique

Jean-Marie Bomengola

L'enjeu des livres et des images dans l'Église catholique

de la Renaissance à la Contre-réforme

Éditions Croix du Salut

Imprint
Any brand names and product names mentioned in this book are subject to trademark, brand or patent protection and are trademarks or registered trademarks of their respective holders. The use of brand names, product names, common names, trade names, product descriptions etc. even without a particular marking in this work is in no way to be construed to mean that such names may be regarded as unrestricted in respect of trademark and brand protection legislation and could thus be used by anyone.

Cover image: www.ingimage.com

Publisher:
Éditions Croix du Salut
is a trademark of
International Book Market Service Ltd., member of OmniScriptum Publishing Group
17 Meldrum Street, Beau Bassin 71504, Mauritius

Printed at: see last page
ISBN: 978-613-7-36688-2

1

L'enjeu des livres et des images dans l'Eglise catholique : de la Renaissance à la Contre-réforme

Introduction :

La période de la Renaissance, et singulièrement les décennies qui s'écoulent entre 1450 et le milieu du XVIème siècle marque une étape décisive. L'on assiste ainsi à la transformation du document écrit en livre imprimé.

Au XVI ème siècle, le livre est au cœur de la vie religieuse et culturelle grâce à l'imprimerie qui le rend accessible et transportable. Plusieurs manuscrits et des textes seront largement publiés : *l'Imitation, la Légende dorée, La vie des Saints, les images pieuses, les livres de piété, les livres d'heures, les textes sacrés en langue vulgaire, etc.*

A cette époque, on lit les mystiques si recherchés au siècle précédent, ainsi que les recueils des sermons déjà connus auxquels venaient s'ajouter les écrits de nouveaux prédicateurs, les Pères de l'Eglise et en particulier saint Augustin. On imprime enfin tout autant les monuments de la scolastique traditionnelle, les Occam et les Pierre de la Palud, les Guillaume Durand, les Duns Scot et les Buridan, etc. En même temps, sous l'action d'Erasme, de Lefèvre et de leurs amis, toute une littérature commence à se constituer autour des textes sacrés[1].

Objet culturel, le livre devient aussi un outil de combat au service des nouvelles idées qui suscitent la méfiance de la part du clergé et des autorités en place. En d'autres mots, le livre fascine mais il inquiète, suscite de la méfiance et de l'hostilité par sa capacité de diffuser rapidement et largement des idées nouvelles comme celles véhiculées par Luther et les Réformateurs.

Les livres ont été précédés des images qui ont également retenu l'attention de l'Eglise. On cite d'abord des images qui illustrent le texte, celles-ci se sont développées au XIV ème siècle avec les livres d'*heures*. Puis les images qui aident à la lecture et qu'on trouve dès l'Antiquité ; c'est le cas des poèmes d'Homère.

On peut dire qu'avant la Réforme, l'Eglise s'est servie du livre et de l'image imprimés, pour cimenter la communauté, pour soutenir la dévotion des fidèles et son enseignement. Ils étaient également un repère au milieu des multiples sollicitations. De même que les livres ont joué et continuent d'assumer un rôle important dans la spiritualité des

1 L. FEBRE et H-J. MARTIN, *L'Apparition du livre*, édit., Albin Michel, Paris, 1971, p. 402.

croyants, tout autant que dans la formation théologique, pastorale et doctrinale, de même aussi l'art, notamment les images des saints, la peinture, les chapiteaux, les vitraux, les tympans, etc., ont permis l'élévation de l'âme en favorisation la prière des fidèles et en stimulant la connaissance.

L'imprimerie pour sa part, a été une chance et un défi notamment avec le développement de l'humanisme et de la Réforme. Elle a été à la base de la division au sein de l'Eglise, et en même temps elle l'a stimulée de l'intérieur, notamment dans les domaines de la liturgie, du renouveau théologique, de la piété et de l'apostolat par la plume.

Ce livre tente de répondre aux questions suivantes : quelle est la place du livre dans l'Eglise ? Quel est le rôle joué par les images et l'imprimerie dans l'évangélisation ? Quelle est la place de l'imprimerie à l'époque de la Renaissance et de l'Humanisme ? Comment la Réforme s'est-elle servie de la presse pour étendre son mouvement ? Quel est l'apport de l'imprimerie au développement du mouvement réformiste ? Telles sont les questions que nous tenterons de répondre dans cet ouvrage.

Chap.1 : Le rôle des livres et des images dans l'évangélisation, à l'ère de l'imprimerie

1.1. L'invention de l'imprimerie

L'idée d'une évangélisation par les médias, professée par le christianisme et tout particulièrement par l'Eglise catholique, trouve indubitablement ses origines dans la révolution culturelle déclenchée par l'invention de l'imprimerie.

L'invention de l'imprimerie a révolutionné la fabrication du livre. Révélant ses limites, la copie manuscrite ne pouvait plus suffire à la demande de plus en plus croissante de textes.

La découverte de l'imprimerie par Gutenberg au XVème siècle permit pour la première fois la production identique en autant d'exemplaires que l'on désire d'un même livre.A cela s'ajoute la révolution qui se produisit dans le domaine de l'expression.

Au temps du manuscrit, le rôle de l'auteur est un rôle vague et imprécis. L'expression de soi ne provoque guère d'intérêt. La typographie, par contre, crée un medium qui permettait de parler haut et fort et de s'adresser au monde lui-même, tout autant que de parcourir et d'explorer l'univers des livres jusque-là gardés sous clés dans les cellules de couvents ou diffusés en peu d'exemplaires dans les universités et chez les gens de robe.

La découverte de Gutenberg favorise ainsi l'apparition de nouvelles vocations : imprimeurs et libraires. Ces nouvelles vocations vont entraîner une diffusion rapide de l'imprimerie à travers toute l'Europe.

Géographiquement, le livre s'est répandu à partir des villes de l'axe rhénan qui relient la France, l'Allemagne,la Suisse et l'Italie, au sud et la Hollande, l'Angleterre, au nord. En lui même lieu d'échange et de circulation des idées, le livre imprimé commença à jouer un rôle nouveau *d'agora intellectuelle*, largement renforcé par son double statut de marchandise et d'objet portable. Son caractère de plus en plus clairement affirmé d'objet portable le fit vivre en harmonie avec les grandes voies de transports et de communication physique. Outil de communication mis en mouvement par les idées novatrices qu'il portait dans une civilisation urbaine en développement, le livre se révéla être un objet au service de la communication, qui se communiquait bien lui-même[2].

2 P. BRETON et S. PROULX, *L'explosion de la communication* (coll. Sciences humaines et sociales), édit., La Découverte, Paris, 1999, pp. 50- 51.

Selon Elisabeth Eisenstein, « si la croisade contre les Turcs fut le premier mouvement religieux à utiliser l'imprimé, le protestantisme fut assurément le premier à exploiter pleinement son potentiel en tant que moyen de communication de masse. Il fut aussi le premier mouvement d'un genre quelconque, religieux ou profane, à employer l'imprimerie à des fins de propagande explicite et d'agitation contre une institution établie. Avec leur brochure visant à susciter un soutien populaire et destiné à des lecteurs qui ignoraient le latin, les réformateurs se muèrent, sans en avoir dessein, en précoces révolutionnaires et agitateurs. Ils laissèrent aussi des « empreintes ineffaçables » sous la forme de placards et de caricatures »[3]. Pour Frédéric Barbier, ce sont les Réformateurs luthériens qui, à partir de 1517, sont les plus attachés à la propagation de l'imprimé – parce qu'il assure le succès de la Réforme. C'est grâce aux 95 thèses placardées sur les murs sous forme d'affiches que le mouvement réformateur fut connu avec ses revendications. Dès lors, l'imprimerie ne servira pas seulement à publier des textes qui seront commentés par les lettrés ; mais l'imprimé par suite source de vérité, sert d'affiche, de caricature, et de pamphlet[4].

Grâce à l'imprimerie, Luther voulut mettre les textes sacrés à la portée de chacun et cela dans sa propre langue.

Le rôle du livre, en cette période de conflit religieux, s'accompagna d'un développement parallèle des prédications de tous genres, seul moyen, d'une part, de rejoindre les analphabètes, qui étaient encore une large majorité, même en ville, et d'autre part de prêcher par l'exemple et de convaincre les fidèles directement.

Les oppositions entre catholiques et protestants sont à l'origine d'un phénomène nouveau : la participation au débat social et intellectuel de ceux qui en avaient été exclus jusque-là. Chaque camp cherchait à convaincre et à convertir le peuple. Compte tenu de la nature forcément individuelle du sentiment religieux, tout croyant, fût-il le dernier des gueux, était le destinataire potentiel d'une argumentation.

Dans ce contexte, le livre et l'ensemble des professions deviennent des objets de surveillance et de répression. L'Eglise catholique institue l'Index qui, par une série d'interdictions, marquera profondément et durablement la chrétienté. Il sera régulièrement mis à jour et ne sera supprimé qu'en 1966 par le Concile Vatican II.

---

3 E. EISENSTEIN, *La Révolution de l'imprimé. A l'aube de l'Europe modern* (coll. Hachette littératures), édit., La Découverte, Paris, 1991, p. 182.
4 L. FEBVRE et H-J. MARTIN, *Op.Cit.*, p. 404.

Objet culturel, le livre devient aussi un outil de combat au service des nouvelles idées qui suscitent la méfiance de la part du clergé et des autorités en place. En d'autres mots, le livre fascine mais il inquiète, suscite de la méfiance et de l'hostilité par sa capacité de diffuser rapidement et largement des idées nouvelles comme celles véhiculées par Luther et les Réformateurs.

Comme beaucoup de bourgeois de leur temps, les imprimeurs, bien souvent, n'aiment guère l'ancienne Eglise ; les rapports que beaucoup d'entre eux entretiennent avec les cercles humanistes et cultivés, les rendent accessibles aux nouveautés. Souvent ils refusent de publier des pamphlets catholiques, tandis qu'ils mettent tous leurs soins à l'édition des écrits de Hutten, de Luther ou de Melanchton. Ainsi donc, pour Dominique Wolton : « ce n'est pas l'imprimerie qui, en soi, a bouleversé l'Europe, c'est le lien entre l'imprimerie et le profond mouvement de remise en cause de l'Eglise catholique. C'est la Réforme qui a donné son sens à la révolution de l'imprimerie, et non l'imprimerie qui a permis la Réforme »[5]. Elisabeth Eisenstein pour sa part affirme que,« l'avènement de l'imprimerie a été une condition préalable de la Réforme protestante dans son ensemble ; car, sans l'imprimerie, le protestantisme n'aurait pu rendre effectif un « sacerdoce de tous les croyants »[6].

La Réforme a été suivie de la Contre-Réforme. L'Eglise catholique renforça ses structures grâce aux Congrégations de la Curie romaine, comme le Saint-Office, la congrégation des rites, la consistoriale. Le pape Grégoire XV, reprenant un projet de Grégoire XIII conçu vers 1580, institue la Congrégation de la propagation de la foi, *De propaganda fide*, en 1622, afin de lutter contre la Réforme[7]. L'accès direct aux textes originaux de la Bible étant réservé aux clercs, une nouvelle édition de la *Vulgate* latine fut publiée (1592). Des ouvrages comme le *Catéchisme,* le *Bréviaire* et le *Missel romains* fixèrent et diffusèrent l'unicité tant du dogme que de la liturgie. De multiples collèges, universités et séminaires seront ouverts pour la formation du clergé. Ce mouvement de réorganisation et l'élan qui s'ensuivit, permirent de regagner des territoires acquis au protestantisme, et d'étendre les missions jusqu'en Extrême-Orient.

La Réforme catholique s'est aussi manifestée par la mise en œuvre d'une nouvelle culture (définition d'une éloquence sacrée, redécouverte de la rhétorique des Pères de l'Eglise, création d'épopées, de poèmes cosmogoniques, de traités mystiques) et d'un art

5 D. WOLTON, *Internet et après ? Une théorie critique des nouveaux médias*, édit., Flammarion, Mayence, 1999, p. 35.
6 E. EISENSTEIN, *Op.Cit.*, p. 188.
7 P. BRETON et S. PROULX, *Op.Cit.*, p. 58.

monumental et baroque dont le dynamisme veut incarner l'envol de l'homme vers la divinité. C'est dans ce cadre qu'il faut situer l'œuvre des pères jésuites en Amérique Latine et en Chine. Celle-ci sera consacrée en grande partie au développement de l'art baroque, comme forme d'expression du religieux. Cet art servira à répondre à l'un des objectifs du concile de Trente qui était la propagation de la foi.

L'enjeu des livres tel que nous l'avons décrit, a été précédé des images, qui ont également retenu l'attention de l'Eglise. On cite d'abord des images qui illustrent le texte, celles-ci se sont développées au XIV ème siècle avec les livres d'*heures*. Puis les images qui aident à la lecture et qu'on trouve dès l'Antiquité ; c'est le cas des poèmes d'Homère.

Les images sont un soutien pédagogique pour les fidèles. Elles sont le support de la foi et de la dévotion. On notera également l'usage des images dans la liturgie, comme une façon de communiquer la Parole de Dieu. L'image véhicule un message ; elle est une sorte de prédication. Les images sont à la fois outils de transmission et moyens d'édification des fidèles. Les images ont toujours eu un rôle majeur dans l'Eglise catholique (voir la querelle des iconoclastes). Elles sont la forme quasi unique de la « culture religieuse » médiévale, et de « l'histoire sainte » (alors que l'Islam s'en méfie), elles rendent possible une familiarité avec un ensemble de scènes ou de situations privilégiées et elles contribuent à une « héroïsation » des saints et des martyrs. L'Eglise catholique a un rapport très original et très important à l'image, à la fois comme outil de transmission, et moyen d'édification des chrétiens, les deux étant souvent mêlés.

On peut dire qu'avant la Réforme, l'Eglise s'est servie du livre et de l'image imprimés, pour cimenter la communauté, pour soutenir la dévotion des fidèles et son enseignement. Ils étaient également un repère au milieu des multiples sollicitations. De même que les livres ont joué et continuent d'assumer un rôle important dans la spiritualité des croyants, tout autant que dans la formation théologique, pastorale et doctrinale, de même aussi l'art, notamment les images des saints, la peinture, les chapiteaux, les vitraux, les tympans, etc., ont permis l'élévation de l'âme en favorisation la prière des fidèles et en stimulant la connaissance.

L'imprimerie pour sa part, a été une chance et un défi notamment avec le développement de l'humanisme et de la Réforme. Elle a été à la base de la division au sein de l'Eglise, et en même temps elle l'a stimulée de l'intérieur, notamment dans les domaines de la liturgie, du renouveau théologique, de la piété et de l'apostolat par la plume.

1.2. Le livre imprimé et son rôle dans l'Eglise catholique

Il faudra évidemment attendre la découverte de l'imprimerie au milieu du XVème siècle, pour que le livre connaisse une nouvelle expansion.

En effet, dès les origines de l'imprimerie, les ateliers produisirent deux sortes d'ouvrages. Il y avait d'une part les grands livres ambitieux telle la Bible et d'autre part les livres de grammaires, les almanachs ou calendriers astronomiques, les lettres d'indulgence, sans oublier la littérature latine, etc.

L'intérêt de l'imprimerie apparaît immédiatement évident: rapidité de composition, uniformité des textes (qui ne sont plus soumis aux erreurs des copistes), possibilité de produire en grande quantité et coût relativement moins élevé. Parmi les *conséquences* de l'invention de l'imprimerie, on citera : la diffusion de l'esprit de la Renaissance, la diffusion des textes et des idées à moindre prix, la diffusion de manuscrits anciens, le développement de l'esprit critique…

Plus de trente-mille *incunables* ont été ainsi imprimés entre 1450 et 1500, parmi lesquels figurent la Bible à quarante-deux lignes de Gutenberg (1455) et le *Psautier de Mayence* de Fust et Schöffer (1457). Vecteur désormais privilégié de la propagation des doctrines religieuses, l'incunable apprend le respect de Dieu, l'amour du Christ, l'art de mourir en sainteté[8].

Les nouveaux ouvrages, rivalisant de beauté avec les manuscrits, s'enrichissent bientôt d'images imprimées dans le texte même.

De l'âge des incunables à l'époque des livres philosophiques, la société est passée par plusieurs étapes, qui sont autant de ruptures : rupture entre théologie et croyance, rupture entre religion et sécularité, rupture des réformes décisives entre 1530 et 1560, celle de la crise de la conscience à l'horizon 1680-1700, celle des Lumières vers 1750-1790 et après. A chaque

8 Cf. *Les trois révolutions du livre*, édit., de l'imprimerie nationale, Paris, 2002, p. 258.

moment, le poids de la production littéraire religieuse peut se relativiser et s'infléchir. Un transfert fondamental s'est joué entre le XVIIème et le XVIIIème siècles quand la production et la consommation livresque se sont laïcisées, même si les presses religieuses n'ont jamais chômé et si les petits livres de piété ont gagné du terrain à la veille de la Révolution.

Le rôle des clercs comme milieu producteur et consommateur de livres et d'imprimés a varié sensiblement, de même que changeaient les conditions et les exigences de formation, les contraintes canoniques et les dispositifs disciplinaires, les besoins spirituels et les nécessités pastorales. Le curé n'est pas censé lire autre chose que les livres liturgiques qu'il a à sa disposition au début du XVIème siècle[9]. Parmi les livres recommandés aux prêtres, on peut citer : le livre des sacrements[10], le lectionnaire[11], le baptistère[12], le comput[13], les canons pénitentiels[14], les sermons pour les dimanches et fêtes et les statuts synodaux.

Le domaine du livre dans l'Eglise nous amène ainsi à nous rendre compte de la diversité culturelle liée notamment aux niveaux de la hiérarchie sociale, aux milieux géographiques : royaumes, provinces, localités, qui sont à leur tour inséparables des grands courants internationaux. On pourrait ainsi parler de cultures jésuites, oratoriennes, dominicaines, franciscaines, de traditions séculières, de modes de formation liés au passage à travers les séminaires, la pratique des conférences ecclésiastiques, la collaboration à des activités érudites ou savantes. L'inventaire des bibliothèques permet alors de restituer la réalité d'une influence, celle d'un auteur, celle d'un groupe et les variations dans le temps des prises de position, de même qu'il révèle les moyens de la discussion et les différences qui peuvent traverser un ordre ou un diocèse.

La part de l'identité des familles religieuses est forte quant à l'orientation : capucins, jésuites, oratoriens, carmes, diffèrent en ce que chacun reste fidèle à des orientations spirituelles de base, les uns s'ouvrant aux discussions scientifiques, les autres s'y fermant[15]. La prédication, la pastorale des paroisses ou des missions, l'engagement théologien ou érudit, l'action pédagogique dans les écoles, les collèges, les facultés et les séminaires entraînent des variations nombreuses.La diversité extrême des situations se retrouve également dans les besoins différents, les contraintes de chacune des situations évoquées et explique la part plus

9 N. LE MAITRE, Les livres et la formation du clergé au XVI ème siècle, dans la *Revue d'histoire de l'Eglise de France*, p. 121.
10 Livre contenant les détails pour l'administration des sacrements.
11 Recueil des textes liturgiques pour chaque jour.
12 Lieu réservé à l'administration du baptême.
13 Calcul déterminant le temps pour les usages ecclésiastiques et particulièrement la date de la fête de Pâques.
14 Ensemble des règles qui préparent à la confession.
15 N. LE MAITRE, *Art. Cit.*, p. 221.

ou moins forte de tel ou tel média : livre, imprimé, de grande circulation, gazettes et journaux littéraires, manuels et ouvrages pratiques, formulaires et livrets, cantiques et images…

L'étude de la production et de la consommation du livre par les clergés est inséparable du système bénéficial, des positions avec ou sans charge d'âme, des degrés de la sacramentalisation dans l'ordre, ainsi que des positions de pouvoir dans ses variétés régulières ou séculières totalement diverses. Dans ces conditions, l'unité et l'hétérogénéité s'y disputent le terrain en fonction de trois impératifs qui interviennent de manière relative selon les périodes et les lieux : contrôler, encourager, utiliser. Un jeu complexe se noue en permanence entre l'ouverture et la fermeture au monde[16].

A la fin du XVI ème siècle, la mentalité des gens du livre s'est transformée. Les générations d'imprimeurs humanistes s'éteignent. La crise économique raréfie les capitaux et provoque agitation et grèves chez les imprimeurs. De grands libraires–éditeurs jouent un rôle clé dans l'acquisition des textes. Ils obtiennent des privilèges dans l'impression et la distribution des livres. Leur domination sur les ateliers d'imprimerie trop nombreux marque la dissociation de la fonction commerciale et de la fonction artisanale. A la fin du XVI ème siècle, le marché religieux offre seul, d'énormes débouchés à l'imprimerie et conditionne son développement économique[17]. La naissance et la diffusion rapide d'une littérature religieuse renouvelée est liée à la profonde transformation que connaît l'Eglise catholique, à la fin du XVI ème siècle, et au début du XVII ème.

Les textes de cette époque tirent leur substance d'un passé commun aux deux réformes, catholique et protestante, pour renouveler la piété. L'Eglise de la Contre-Réforme ne pouvait gagner la partie qu'en prenant l'ascendant sur l'adversaire dans le domaine de l'édition. Ce qui aboutit à un double renouveau, renouveau des études pour ce qui regarde l'Ecriture Sainte, la liturgie, la patrologie, les textes canoniques, d'une part, renouveau de la spiritualité catholique d'autre part. L'essor remarquable du livre catholique, qui atteint son apogée au XVII ème siècle, commence à la fin du XVI ème siècle.

Le XVIII ème reste dominé par les Lumières. Au milieu du XIX ème siècle, l'on assiste à une lente concentration des maisons d'édition catholiques.

16Cf D. ROCHE, Livre et culture, religion et société à l'âge moderne. Quelques réflexions, dans la *Revue d'histoire de l'Eglise de France*, p. 220.
17 D. PALLIER, Les réponses catholiques, dans *Histoire de l'édition française*. Tome 1, *Le livre conquérant. Du Moyen Âge au milieu du XVII ème siècle*, édit., Promodis, Paris, 1982, p. 346.

Au XIX ème siècle, les éditeurs catholiques constituent, au sein de la profession, un petit monde à part : il est très rare que d'autres maisons publient des livres religieux, tandis qu'eux- mêmes ne s'en écartent que pour produire des romans édifiants ou des manuels de l'enseignement catholique. Même s'il y a parfois spécialisation, le rayon religieux occupe une place importante dans la plupart des librairies. Si les éditeurs catholiques se distinguent aisément des autres membres de la profession, le livre religieux, lui, partage dans une large mesure les caractéristiques des autres livres de l'époque. Avec quelques nuances, pourtant. Ainsi les chiffres de tirage sont aussi variés que dans la librairie « profane », quoique peut-être en moyenne un peu plus faibles ; mais paroissiens et catéchismes font l'objet de gros tirages.

L'étude de l'édition religieuse bénéficie de sources variées, nationales et locales, où l'inventaire et le catalogue tiennent la première place, mais doivent être analysés en fonction de l'évolution historique des conditions même de leur production. On peut ainsi voir apparaître la professionnalisation interne du clergé quant à sa formation ; la part des familles religieuses et des variations de l'usage.

Dès lors, il reste à savoir comment cette abondante production atteint-elle son public ? En effet, la plus grande partie est distribuée par le réseau des libraires brevetés, dont on sait qu'il dessert très inégalement les diverses régions. Si certaines librairies soignent plus systématiquement leur réputation de librairies catholiques – en particulier à proximité des cathédrales et des sanctuaires de pèlerinage – la plupart vivent principalement de la papeterie, des livres scolaires…et des livres religieux. Par contre, deux autres filières ne doivent pas être négligées. D'une part les couvents, collèges et séminaires sont tacitement autorisés à fournir à ceux qui les fréquentent des livres en rapport à leurs activités. D'autres part, tout au long du siècle, les catholiques multiplient les initiatives destinées à encourager la lecture de « bons livres » ; plusieurs de ces « œuvres » organisent des bibliothèques de prêt, d'autres distribuent elles-mêmes des livres de propagande.

1.3. Les livres religieux : une diversité de genres

Témoin de la culture religieuse, le livre, qu'il soit lui-même de spiritualité ou non, révèle également les inflexions et les débats de la société religieuse, travaillée de l'intérieur par l'esprit de la pratique de la controverse, soumise à la mise en œuvre d'actions de réformation.

Il existe une très grande diversité de genres dans le livre religieux. Nous pouvons distinguer trois grands domaines. Des livres d'usage courant, dont les tirages sont généralement élevés, mais sur lesquels l'autorité épiscopale exerce une attentive et efficace surveillance ; il s'agit des livres liturgiques, les recueils de prière et de cantiques, les catéchismes et « histoire sainte », etc. On distingue des livres destinés à soutenir la vie spirituelle des chrétiens, sous le nom de « méditations », « exercices », etc. ou sous la forme d'une masse impressionnante de vies de saints et autres biographies, dont l'intention reste plus édifiante qu'historique. Enfin, des publications à caractère doctrinal : travaux théologiques, ouvrages de pastorale ou de catéchèse, écrits apologétiques.

S'agissant des livres hagiographiques ou livres destinés à raconter la vie des saints, la tradition rapporte qu'ils avaient une valeur thaumaturgique. Le fait de considérer comme vrai ce qui était raconté de la vie d'un saint, poussait le lecteur à lui faire confiance et à s'y attacher dans la perspective de recevoir les grâces divines comme celles décrites à travers sa vie. Il y a donc un lien entre livre (livret) et Ecriture qui explique les effets thaumaturgiques du texte hagiographique[18]. Dans ce contexte, le livre et notamment le livret hagiographique était considéré comme un objet sacré qu'on manipule. Il s'apparentait à l'objet de culte, possédé communautairement et doté d'un pouvoir sacré, mais aussi au matériel de dévotion, prolongement individuel de l'activité cultuelle et marque d'une pratique religieuse : il avait pris place parmi les médailles, les images pieuses, les souvenirs de pèlerinage ; il faisait partie des guides spirituels, aux côtés des bréviaires, missels et livres d'heures.[19]

Concluons, en disant que le livre a connu plusieurs étapes avant de pouvoir acquérir sa forme définitive et de jouer véritablement son rôle d'agora intellectuel dans la société et au

18 A. BOUREAU, Adorations et dévorations franciscaines. Enjeux et usages des livrets hagiographiques, dans *Les usages de l'imprimé,* p. 27.
19*Idem*, pp. 29- 30.

sein de l'Eglise catholique. Aujourd'hui encore, il continue d'être un auxiliaire de la foi et une aide dans la compréhension de l'Evangile.

On comprend de ce fait comment la diffusion du christianisme – quantitative – comme son appropriation – qualitative – est passée par la circulation des livres et l'apprentissage de leurs usages. Et pourquoi les autorités religieuses s'estimaient très directement concernées par le développement de la culture des imprimés. Mais pour elles, l'enjeu des livres était aussi précédé, lié ou concurrencé par un autre enjeu : celui des images.

1.4. La fonction médiatrice des images

L'un des instruments de la participation imaginaire du lecteur, c'est l'insertion d'éléments picturaux dans les textes – insertion qui, au fil des siècles a pu prendre des formes très variées. En fait, l'apparition d'images dans les textes n'a rien de surprenant : elle découle de la spatialité et de l'iconicité de la lettre elle-même. Pour le dire autrement, la lettre est elle-même une sorte de dessin, dont nous avons tendance à oublier la spatialité au profit de son « sens »mais il suffit qu'elle soit « ornée » pour que nous prenions conscience de son existence graphique.

On peut distinguer trois principaux rôles de l'illustration dans les textes[20] : le repérage, le contrepoint, la visualisation. Entre ces fonctions il y a cependant de multiples interférences.

Dès le XIème siècle un certain nombre de repères visuels sont mis en place pour faciliter l'identification des unités de sens du texte. Ainsi on voit apparaître le symbole du *pied-de-mouche* indicatif du paragraphe (avant que le paragraphe ne soit signalé par un blanc). Mais aussi des têtes de chapitre en couleur rouge, des initiales tantôt rouges et tantôt bleues. La lettre initiale, au contact de motifs décoratifs venus de traditions *barbares* nordiques (celtiques en particulier) va devenir de plus en plus illustrative et se transformer en *lettre historiée* (le mot histoire à partir du XIIIème siècle désigne la représentation d'une scène à plusieurs personnages), c'est-à-dire en forme typographique abritant des images de plus en plus complexes et qui s'émancipent de leur simple fonction de repérage pour la doubler d'une fonction représentative. D'où la possibilité d'effets de redoublement entre texte et image et de visualisation des scènes décrites.

20 R. CHARTIER et alii, *Histoire de la lecture. Un bilan de recherches,* édit., de la Maison des science de l'homme, Paris, 1995, p. 229.

D'autres repères textuels vont également être l'occasion de *visualisations*. La page de titre fait son apparition vers 1480 et elle est souvent composée comme un tableau allégorique. Les culs-de-lampe qui séparent les chapitres auront plus tard, une fonction de plus en plus icônique.

L'image n'est pas toujours un redoublement de la lettre. Elle peut au contraire inverser son sens, la tourner en dérision ou parler d'autre chose. Cette fonction de contrepoint des images dans les textes s'est développée de la façon la plus spectaculaire au XIVème siècle où l'on voit apparaître des *livres d'heures* (c'est-à-dire des livres de prière comprenant des psaumes, des hymnes, des prières spéciales à différents saints et un calendrier) très richement ornés. Mais cette ornementation est souvent très surprenante. Par exemple dans telle page du livre d'heure dit de Marguerite (second quart du XIVème siècle), la lectrice pouvait voir une « Adoration des Mages » richement peinte dans la lettre initiale D, mais cette image sainte est doublée par de curieux motifs dans les marges. En bas de la page, on aperçoit trois singes parodiant les attitudes des Mages. À droite une figure à bonnet de fou grimace, à gauche un ange à tête de singe tire sur la lettre comme s'il voulait la défaire, et dans les marges de la page suivante, on aperçoit des objets hétéroclites tels un chaudron et un papillon. Ainsi s'opposent mais aussi dialoguent « Parole de Dieu » et une fatrasie visuelle qui en est un peu comme le refoulé[21]. Ces singeries en marge des *livres d'heures* nous indiquent bien que si le *lisible* et le *visible* émergent d'une même source, en un point ils peuvent diverger et presque se contredire.

De fait, certaines images ont pour fonction d'aider à la lecture. L'imagerie biblique est passée des fresques des églises, aux vitraux imagés des églises gothiques et enfin au livre. Il s'agit de grands livres d'images où chaque page est divisée en deux scènes ou plus, associant parfois des scènes de l'Ancien et du Nouveau Testaments. Le livre, posé sur un lutrin, est ouvert à la page appropriée et exposé aux fidèles. La plupart de ces fidèles sont incapables de lire les mots en caractères gothiques qui constituent une sorte de légende autour des personnages représentés. Mais la majorité reconnaissait la plupart des personnages et des scènes et était capable de lire dans ces images une relation entre les récits de l'Ancien Testament et du Nouveau, du simple fait de leur juxtaposition sur la page[22].L'image a donc ici pour rôle de faire dialoguer les textes.

21 M. CAMILLE, *Images dans les marges : aux limites de l'art médiéval*, édit., Gallimard, Paris, 1997, p. 22.
22 A. MANGUEL, *Une histoire de la lecture. Arles : Actes-Sud*, édit., Babel, 1998, p. 130.

En fait, textes et images n'apparaissent jamais dans le livre comme deux ordres absolument hétérogènes et séparés. C'est précisément parce qu'ils appartiennent à des codes différents convoqués dans un même espace, qu'ils dialoguent et produisent des effets de sens complexes. C'est aussi pour cela qu'il faut apprendre à les déchiffrer dans une *lecture* totale.

Les vitraux des églises sont probablement, dès le Moyen-Âge, les images les plus puissantes. Le vitrail est devenu, en Occident à partir du Moyen–Âge, une expression artistique très utilisée en architecture et plus particulièrement dans les édifices religieux, empruntant les techniques de la peinture et de la céramique.

Bien avant l'imprimerie, les vitraux ont joué un rôle important dans la piété des fidèles. En tant que médias de l'image, ils ont eu un impact décisif dans la consolidation de la foi des fidèles. Ils entraînent à la piété et en même temps servent d'intermédiaires à la compréhension de certains épisodes de la Bible ou de l'enseignement doctrinal, ou encore de la vie du Christ, de la Vierge Marie et des Saints. Les vitraux font de l'église un espace à part, dédié à la prière, et à la louange de Dieu. A eux seuls, ils constituent un grand enseignement sur l'église, en tant que lieu de la rencontre entre Dieu et l'homme, autrement dit un lieu sacré. Ils sont un grand appui pour la foi des analphabètes. A côté des vitraux, on citera également les tableaux, les statues, les chapiteaux et toutes les formes de sculptures qui marquent l'entrée dans les églises et qui ont aussi joué un rôle dans l'œuvre de christianisation. Ils ont servi à l'instruction et en même temps ils ont joué un rôle de médiation.

1.5. La fonction médiatrice des images

Les chrétiens effectuent leurs premières images saintes sur les murs des catacombes alors qu'ils sont persécutés. Celles qui nous sont parvenues ne sont pas de simples illustrations ornementales : elles expriment toute une pensée théologique et exégétique.

En effet, une distinction très nette de vocabulaire oppose les images chrétiennes appelées "icônes" aux images païennes appelées "idoles".

Une icône est une œuvre peinte ou sculptée selon une tradition précise, représentant un sujet ou un thème de religion chrétienne, et plus spécifiquement orthodoxe, et dont la dimension peut varier de quelques centimètres à plusieurs mètres. Les peintres ne peuvent représenter que des saints. Ainsi, il n'y a jamais de natures mortes. Les personnages sont souvent entourés d'un halo, représentant l'auréole en feuille d'or, le tout sur un fond uni. Ils sont empreints de paix.

Les premières prises de position sur les images datent du VI ème, à l'époque où l'évêque de Marseille demandait conseil au pape Grégoire le Grand concernant l'usage des images. Celui-ci répondit dans une lettre en lui disant de tolérer les images qui sont un soutien pédagogique pour les fidèles illettrés.

L'imagerie populaire se développa progressivement au XIV ème siècle, grâce à la xylographie et la mise au point de la gravure en creux. La prolifération des images dans l'Eglise catholique, a fait de celles-ci un média à part entière. Il faut dire qu'on s'en sert également dans le cadre d'échanges affectifs individuels : images dédicacées offertes en cadeau, souvenirs de profession de foi, souvenir de passage dans un lieu de pèlerinage, etc.

L'image religieuse imprimée est faite pour être manipulée, donnée de l'un à l'autre, utilisée dans le rituel ou comme image de dévotion, conservée en lieu secret ou exhibée au mur ; elle est donc un objet proche, maniable, familier. Objets à manipuler, à voir, à lire et à collectionner, les images de dévotion mettent en œuvre toute une pédagogie du geste et du regard, toute une rhétorique de séduction sentimentale, esthétique et intellectuelle. Grâce à leur format restreint, à leur prix modique, à leurs couleurs, les images ont le pouvoir de s'insinuer dans tous les milieux sociaux, de combler, du moins partiellement, le besoin de satisfactions visuelles à une époque où les magazines, le cinéma et la télévision n'avaient pas encore la place[23].

Supports de la foi et de la dévotion de nombreuses générations de chrétiens, les images ont véhiculé un grand nombre d'idées sur la vie, la société, l'Eglise, la mort et l'au-delà. Filles de leur époque, elles apparaissent imprégnées des espérances, croyances et obsessions ambiantes, véhicules autant que réceptacles d'idées variées.

Pendant des siècles, l'Eglise a fait appel à l'art et aux artistes pour représenter son message. L'interdiction biblique de faire des images (Exode, chapitre 20) et que l'on retrouve encore toujours dans la tradition juive et islamique, n'a pas empêché (malgré les quelques moments d'iconoclasme) la création d'un art religieux en Occident. Le baroque en était la

---

23 J. PIROTTE, L'imagerie de dévotion aux XIX ème et XX ème siècles et la société ecclésiale, dans *L'image et la production du sacré* (Sous la dir. de F. DUNAND et alii), édit., Méridien, Paris, 1991, p. 233.

dernière expression pleine de triomphalisme. La représentation de la vérité et des dogmes était devenue plus importante que la présence du transcendant à travers l'art. Aujourd'hui encore les églises abritent toujours en majeure partie les œuvres de ce genre. L'évolution de l'art oblige le catholicisme à se laisser interroger par les images mêmes. L'art n'est plus l'ancilla (l'auxiliaire), il est partenaire.

L'iconographie chrétienne transcrit par l'image le message évangélique que l'Ecriture Sainte transmet par la parole. Image et parole s'éclairent mutuellement. Autrement dit, l'usage des images s'appuie sur une véritable théologie. Pour dire brièvement la profession de foi, on conserve toutes les traditions de l'Eglise écrites ou non écrites qui nous ont été transmises sans changement. L'une d'elle est la représentation picturale des images, qui s'accorde avec la prédication de l'histoire évangélique, en croyant que Dieu Verbe s'est fait homme[24].

Parlant des images dans la prière, Jean Damascène dit que la beauté et la couleur des images stimulent la prière. C'est une fête pour les yeux, autant que le spectacle de la campagne stimule le cœur pour rendre gloire à Dieu[25]. Selon Saint Thomas d'Aquin, le culte de la religion ne s'adresse pas aux images en elles-mêmes comme des réalités, mais les regarde sous leur aspect propre d'images qui nous conduisent à Dieu incarné. En fait, le mouvement qui s'adresse à l'image en tant que telle ne s'arrête pas à elle, mais tend à la réalité dont elle est l'image.

Parmi les usages religieux des images, notons aussi leur rôle liturgique. L'usage des images dans la liturgie a deux fondements essentiels : le fait de l'incarnation et l'espérance eschatologique. La liturgie est adoration de la Parole faite chair et signe du Royaume à venir. Elle utilise l'image aussi bien que la parole et la musique. L'image sacrée, l'Icône liturgique, représente principalement le Christ. Elle ne peut pas représenter le Dieu invisible et incompréhensible. Dieu, dans l'Ancien Testament, n'est pas visible, il se cache. S'il se manifeste, c'est par l'intermédiaire des anges. Aussi Dieu donnera l'ordre à Moïse de façonner «deux chérubins d'or aux deux extrémités du propitiatoire » (Ex. 25.18). Selon le deuxième commandement, il ne faut pas vouloir visibiliser Dieu par des moyens naturels, en inventant des représentations de la divinité à partir de la création.

L'Occident s'est moins préoccupé que l'Orient des règles de l'image liturgique. On ne peut qu'admirer le souci théologique des orthodoxes dans la peinture des icônes. Si l'image est

24 Concile de Nicée II, en 787.
25 Saint J. DAAMASCENE, *Images*, 1.27.

une façon d'annoncer la « Parole » en adorant le Seigneur, elle participe aussi au mystère de la communion des saints ;c'est le cas des icônes des patriarches, des prophètes, des apôtres, des martyrs, de la Vierge Marie, de saint Jean-Baptiste, des anges... L'image est un moyen de rappeler la présence de toute l'Eglise et des anges dans la célébration eucharistique. Les anges évoquent la présence du Père et la colombe, ou le feu, celle du Saint-Esprit : c'est par ces intermédiaires que la Bible signifie la présence de Dieu le Père et du Saint-Esprit.

Les icônes des saints, rappellent la communion de l'Eglise avec tous les témoins et martyrs qui attendent la résurrection dans la vision céleste, et dont la prière et la charité sont un stimulant pour la ferveur des fidèles. Elles sont en relation avec le mystère de l'Eglise universelle.

Les icônes des saints signifient et orientent le mémorial de l'Eglise qui adore et prie son Seigneur, qui attend son retour. Elles signifient et orientent l'adoration et la prière, elles ne doivent point arrêter ou capter l'attention. Si le mémorial de l'icône peut-être un signe authentique de la louange et de la supplication de l'Eglise, il peut aussi, malgré le sujet évangélique représenté, devenir une idole à laquelle on attribue une puissance magique ; le mémorial cesse alors, il n'est plus tourné vers Jésus, mais il s'arrête à l'icône elle-même et n'est plus que le faux mémorial d'une puissance interne à l'image, une louange et une supplication de l'image magique.

En d'autres termes, l'icône est représentée dans la liturgie comme une expression de la « Parole » et un symbole de la communion des saints dans le Corps du Christ, comme une invitation à l'adoration du Christ parmi les anges, les témoins et les martyrs de tous les temps... Elles permettent aux fidèles de se plonger dans le mystère de la célébration et servent en quelque sorte de garde fou contre la distraction. Elles médiatisent le rapport et la communion au sacré.

Les images ont occupé et occupent encore une place importante dans la pastorale de l'Eglise catholique. Ce sens des images l'a certainement aidée à s'intéresser au cinéma sans beaucoup d'hésitations.

L'utilisation du livre et de l'image imprimés dans l'œuvre de christianisation a permis pour ainsi dire de cimenter la communauté, proposer des dévotions sûres, inculquer les enseignements de l'Eglise, mais aussi de perpétuer les croyances approuvées par l'orthodoxie. Grâce aux livres et aux images qui étaient à la disposition de la communauté, celle–ci se reconnaissait dans sa foi, dans ses croyances et dans sa doctrine. Dans ce sens les livres et les images rapprochaient davantage les fidèles entre eux et également les fidèles et leurs pasteurs.

Instrument d'une acculturation religieuse, contrôlé par l'autorité, l'imprimé - et avant lui, ou à ses côtés, le livre écrit à la main – est également, en certaines circonstances, le support de la résistance à une foi refusée, le recours ultime et secret contre une conversion forcée.

Il faut toutefois signaler qu'avant la Réforme et précisément avant le concile de Trente, les séminaires de formation pour les prêtres n'existaient pas ; il suffisait seulement de savoir lire et d'être choisi pour être prêtre. A cette époque, l'Eglise et notamment la paroisse était au centre de la cité, le prêtre était vénéré et jouissait d'une certaine autorité. Il était à vrai dire le pasteur du « troupeau », le berger des « brebis ». Durant cette période on voit proliférer les images, les livres des morts, les statues, les vitraux dans les églises, etc., qui participèrent à l'évangélisation.

Les images ont eu pour effet de créer des liens d'affection, de confiance, à l'égard des saints et de la Vierge Marie, de susciter des sentiments de protection, de pousser à la prière et donc d'entretenir et de développer la piété. Le but étant bien évidemment d'amener les gens à la conversion, à être plus religieux, à croire davantage.

Pour revenir aux vitraux, on peut dire qu'ils ont joué un grand rôle dans le raffermissement de la foi. Ils captent les regards et renvoient aux saints, à la Vierge Marie, à Jésus souffrant ou dans sa gloire, etc. Ils rappellent la dimension sacrée des églises, hormis la présence du tabernacle, de l'autel, des statues et des images. Les vitraux invitent également à l'adoration et sont à eux seuls un enseignement ou mieux soutiennent l'enseignement de l'Eglise. L'image de Jésus souffrant est un enseignement sur la passion du Christ et un appel à se donner aux autres, à donner sa vie pour la cause des autres, etc. Et des exemples de ce genre sont nombreux.

Les vitraux, les images, les tableaux, les statues, etc., n'ont pas eu que des aspects positifs. Le fait qu'ils attiraient les regards n'a pas toujours et nécessairement aidé à la concentration ; cela provoque parfois des effets contraires, surtout à l'occasion des cérémonies où des célébrations publiques. D'autre part, les vitraux, les images, les statues, les tableaux, etc., n'ont pas, dans tous les cas, amené les croyants à une ferme conviction en matière de foi.

Chapitre 2.
L'enjeu des livres dans les querelles religieuses de la Renaissance à la Contre-Réforme

2.1. L'Eglise catholique confrontée aux idées nouvelles

Dans l'Europe du XVème et XVIème siècles se produit une modification profonde de la vision de l'homme sur sa condition et sur le monde, ainsi que la naissance d'un esprit scientifique. Dans le même temps se transforment les rapports de l'homme avec la religion. Ces bouleversements sont facilités par les mutations importantes des moyens de communication et de diffusion des idées et des savoirs ; invention de l'imprimerie, multiplication des universités, collèges et académies.

L'humanisme est une vision du monde où tout gravite autour de l'homme comme tout gravitait autour de Dieu dans la vision antérieure en Occident. Ainsi défini, il est le produit d'une révolution copernicienne inversée : l'homme, auparavant satellite de Dieu, devient l'astre central[26]. En outre, toute la pensée humaniste menait à donner à l'art une place privilégiée dans l'ensemble des activités créatrices de l'homme. De 1420 à 1560, l'Occident s'est formé une référence esthétique qui a résisté jusqu'au début du XXème siècle et à laquelle, malgré les chemins nouveaux de l'art contemporain, on continue d'attacher une valeur exemplaire[27].

Selon Mc Luhan, à la Renaissance, l'imprimé a libéré des forces sociales et psychologiques immenses en dégageant l'individu du groupe traditionnel et en montrant, en même temps, comment additionner les individus les uns aux autres en une massive agglomération de puissance. L'esprit entreprenant et individualiste qui poussait les artistes et les écrivains à s'exprimer eux-mêmes dans leurs œuvres aiguillonnait d'autres hommes vers de grandes entreprises, militaires ou commerciales[28].

---

26 Cf. WWW.agore.qc.ca/mot.nsf/Dossiers/Humanisme
27 B. BENNASSAR et J. JACQUART, *Le XV ème siècle*, édit., Armand Colin, Paris, 1990, pp. 72- 73.
28 Mc. LUHAN, *Pour comprendre les médias. Les prolongements de l'homme*, édit., Mame, Paris, 1968, pp. 201- 202.

Quoi qu'il réagisse contre le système existant, l'Humanisme prend d'abord sa source dans l'héritage médiéval. A côté de la Révélation, contenue dans l'Ecriture sainte et dans les commentaires des Pères de l'Eglise, fournissant aux hommes une cosmologie, une histoire, une morale et une finalité existentielle, le Moyen-Âge a édifié une science qui permet de comprendre le monde pour tenter de le dominer et une philosophie. Celle-ci est d'abord servante de la théologie, mais tend à s'en distinguer, particulièrement dans les domaines ou la Bible ne satisfait pas la curiosité naturelle de l'esprit humain. Philosophie et science reposent essentiellement sur Aristote, connu intégralement à partir du XIIIème siècle, par l'intermédiaire des traducteurs et des commentateurs arabes et juifs. On lui emprunte une logique et un mode de raisonnement, une conception de la connaissance et un corpus scientifique.

Le contact entre une pensée aussi complète et aussi totalement étrangère au christianisme et à la théologie posait de nombreux problèmes que l'école s'efforça de résoudre. Au XIIIème siècle, Thomas d'Aquin esquissa une solution globale en proclamant l'unité profonde de la vérité et l'accord nécessaire de la foi (connaissance révélée) et de la raison (connaissance élaborée à partir du sensible et des concepts qui servent à classer les phénomènes). Entre le monde des apparences, celui des essences (qui sont « réelles » dans chaque individu d'une espèce, à travers la diversité des accidents) et celui des formes archétypes, qui sont en Dieu, il établissait de subtiles relations. Thomas d'Aquin affirme qu'il est possible à l'homme d'élaborer, à partir de l'expérience, par l'analogie et l'abstraction, une connaissance du monde réel, celui des essences.

Mais le thomisme à la fin du XVème siècle n'est plus défendu que par quelques penseurs, généralement dominicains (à titre d'exemple ceux de Cologne). Ce qui triomphe un peu partout dans l'enseignement universitaire, c'est « le nominalisme » de Guillaume d'Occam (1280-1349) et de ses disciples. Pour eux, les vérités de la foi ne sont susceptibles d'aucune analyse rationnelle et la théologie est vaine, qui tente d'expliquer le contenu de la Révélation. En revanche, la raison à partir des apparences sensibles, peut élaborer une science purement expérimentale, qui ne doit rien à l'Ecriture, mais qui n'est jamais assurée de correspondre aux réalités divines. Mieux, cette connaissance ne peut être qu'individuelle et les concepts dont les hommes usent par commodité pour désigner les espèces ne sont que des « noms », alors qu'ils correspondent, pour les « réalistes », aux essences.

Ce divorce total entre le domaine de la foi et celui de la raison, par son caractère désespérant eut de lourdes conséquences dans le domaine religieux. Il n'en eut pas moins dans le domaine de la pensée philosophique et scientifique. L'impossibilité d'une connaissance générale ramène toute réflexion à une discussion sur certains concepts, à un enchaînement aussi rigoureux et aussi ingénieux que possible de syllogismes permettant de classer les sensations et de ramener les phénomènes aux genres et aux espèces définis par Aristote.Ce dessèchement de la scolastique était encore accentué par l'enseignement des universités qui reposait sur la « lectio », le commentaire (généralement emprunté à un auteur médiéval) et la « disputatio », simple exercice d'agilité bavarde.

La crise de la pensée médiévale explique l'hostilité des humanistes à la scolastique et le succès des formules nouvelles qu'ils élaborèrent. Il convient toutefois, de souligner que les Humanistes dans leurs hardiesses, restèrent prisonniers du passé, et particulièrement du mode de raisonnement syllogistique, faute d'avoir élaboré une logique[29].

La source vive de l'humanisme est sans doute la redécouverte de l'Antiquité. Selon Bartolomé Bennassar et Jean Jacquart, le Moyen-Âge n'a pas ignoré les oeuvres et la pensée de l'Antiquité, mais il n'en avait qu'une vision tronquée et déformée[30]. Le besoin de posséder des textes corrects d'auteurs anciens se fit sentir dans le milieu de certains chercheurs. Or, si les manuscrits des auteurs sont relativement nombreux, les copies des œuvres de Cicéron, de Virgile ou de Salluste sont rares et fautives. Reproduire ces textes avec exactitude et à un grand nombre d'exemplaires est un travail impossible à exécuter si l'on ne connaissait l'existence du nouveau procédé de reproduction des textes – l'imprimerie[31].

Le Moyen-Âge avait une vision tronquée de l'Antiquité parce qu'il ne connaissait pas la plus grande part de la littérature grecque, sinon à travers les analyses ou les imitations des latins (exemple : Homère à travers Virgile ou les stoïciens à travers Cicéron). Cette vision était tronquée parce qu'il manquait une part importante de l'héritage latin : Plaute, Quintillien, les lettres de Cicéron. Elle était déformée parce que ces œuvres, connues souvent dans des versions médiocres, déparées de fautes ou d'interpolations, ne sont jamais reçues en tant que telles, mais étouffées par des commentaires qui en sollicitent l'interprétation pour le faire servir à la consolidation de la loi[32].

29 B. BENNASSAR et J. JACQUART, *Op.Cit.*, p. 61.
30 *Idem*, p. 61.
31 L. FEBVRE et H-J, MARTIN, *L'Apparition du livre*, édit., Albin Michel, Paris, 1999, p. 252.
32 B. BENNASSAR et J. JACQUART, *Op. Cit.*, p. 61.

La révélation de Platon amena une réévaluation des doctrines aristotéliciennes, qui jusque-là, régnaient sans partage. La lecture traditionnelle, spiritualiste, adaptée par les théologiens médiévaux aux nécessités de la foi garda des adeptes dans toutes les vieilles universités et il en fut ainsi au temps de Descartes. Mais il existait une autre interprétation d'Aristote, plus conforme à la lettre, celle d'Averroès (1126-1189). Elle avait tenté plus d'un penseur, au prix d'une séparation totale de la philosophie et de la foi. On l'enseignait régulièrement à Padoue, en se donnant l'apparence de la critiquer au nom de la religion menacée. C'est ce que fait au début du XVIème siècle Pietro Pomponazzi(1462-1525), en se plaçant dans l'hypothèse d'une humanité privée de la Révélation.

Dans le *De immortalitatae animae* (1516), il montre que l'âme intellectuelle, liée à l'âme sensitive et au corps, meurt avec celui-ci. Il n'y a pas d'au-delà et l'homme doit se donner pour but « d'assumer le plus possible d'humanité ». Dans le *De facto* (1520), il montre l'incompatibilité du libre arbitre et de la toute-puissance divine et, critiquant les religions, il opte pour un simple naturalisme : en se conformant à la nature, l'homme se réalise plutôt qu'en tentant de ressembler à un dieu qui est inconnaissable.Après lui, les professeurs de Padoue continuent d'enseigner ces doctrines qui introduisirent dans l'univers un strict déterminisme et ne laissèrent pas de place à l'intervention divine.

En fait, la véritable philosophie de l'humanisme est empruntée à Platon et à son école. C'est Marsile Ficin (1433-1499), protégé de Cosme et de Laurent le Magnifique, qui en fournit l'exposé le plus magistral dans la *Theologia platonica* (1469-1474) dédiée à Laurent.

Le néoplatonisme du XVIème siècle est avant tout une ontologie. Dieu est l'Être, dont émanent tous les autres êtres, hiérarchisés selon leur degré de pureté. Les âmes astrales et les anges, pures créatures célestes, immortelles et parfaites assurent la marche des sphères qui composent l'univers incorruptible. En revanche, les essences des choses matérielles qui composent l'univers terrestre, si elles sont des créatures, des Idées résidant auprès de Dieu, ont besoin des formes sensibles pour exister, mais ces formes ne sont que des traductions imparfaites et corruptibles de leurs archétypes divins. Au centre du Cosmos, l'homme est à la fois âme immortelle, image de Dieu, créature privilégiée entre toutes, mais aussi matière et pesanteur corporelle. Sa vocation est donc, par la connaissance, de passer du monde des apparences sensibles à l'intelligence des Idées qui lui permet de revenir à l'Être.

Dans cette démarche qu'il peut refuser en se ravalant au rang des bêtes, trois modes de connaissance s'offrent à lui, qui correspondent aux trois formes de l'âme : par les sens (âme sensitive, animale, mortelle), par la raison déductive (âme rationnelle), enfin par la contemplation, qui permet à l'âme intellectuelle d'appréhender intuitivement, en se séparant des apparences sensibles et des pièges de l'analyse, les archétypes. Lorsque l'Homme étudie ou contemple l'Homme, il étudie ou contemple le miroir même de Dieu, son image imparfaite, mais à travers laquelle on peut atteindre la perfection : ainsi se trouve justifiée l'exaltation de la *dignitas hominis* et l'intérêt passionné qu'on lui porte[33].

Malgré l'espace, malgré les frontières, malgré les conflits qui opposent les princes, les idées défendues par l'Humanisme se sont propagées principalement auprès de l'élite intellectuelle, notamment grâce à l'imprimerie, à l'enseignement, etc. Les humanistes s'interrogent aussi sur la meilleure façon de gouverner, sans avoir tous le même avis. Toutefois, le fait d'y réfléchir et de remettre en question la forme de gouvernement de l'époque est en soi une nouveauté. Machiavel pense que la fin justifie les moyens, Thomas More dans « l'utopie » imagine un état idéal fondé sur l'égalité et la tolérance religieuse[34].

L'imprimerie joue un rôle très important dans cette diffusion de la culture humaniste. Alors que les ouvrages religieux (Ecriture sainte, Pères de l'Eglise, écrivains spirituels ou simplement livres d'Heures) représentent, dans la deuxième moitié du XV ème siècle l'essentiel de la production imprimée et une proportion qui reste importante ensuite, les éditions inspirées directement de l'Humanisme se multiplient significativement après 1480 : textes anciens en langue originale, textes traduits en langue véhiculaire des gens cultivés, le latin, puis en langue vulgaire, manuels, grammaires et dictionnaires, livres scientifiques. S'y ajoutent les écrits des humanistes eux-mêmes. Le plus grand succès de librairie d'un auteur contemporain est celui d'Erasme, dont les *Adages* connaissent 72 éditions de 1500 à 1525, 50 éditions de 1525 à 1550 et les *Colloques,* 60 et 70 tirages pour les mêmes périodes. L'imprimerie en permettant de répandre rapidement et à un prix nettement inférieur, les ouvrages anciens et récents, a été le véhicule fondamental des idées nouvelles, celles des humanistes et celles des Réformés.

La diffusion des idées nouvelles naît aussi des relations permanentes qui se nouent entre les hommes, par les voyages, comme ceux d'Erasme en Italie et en Angleterre, comme ceux de Budé en Italie, par des séjours voués à l'enseignement comme ces Italiens enseignant

33 B. BENNASSAR et J. JACQUART, *Idem*, pp. 62- 63.
34 http://membres.Lycos.fr/jbraun/HG/seconde/renaissance.html

philosophie et grec à Paris, par une abondante correspondance, chargée de compliments réciproques, de réminiscences littéraires, d'exercice de style, et dont le destinataire s'empressait de diffuser le contenu dans les milieux intellectuels de sa ville. Une véritable émulation était entretenue en permanence, entre les lettrés d'un même centre, entre les centres qui, partout en Europe, reçoivent le message italien. On peut vraiment parler d'une République des lettres, qui ne groupe qu'un petit nombre d'hommes, mais les lie étroitement : des clercs, des enseignants,des médecins, quelques grands bourgeois enrichis se piquant de culture, quelques gentilshommes tranchant sur la médiocrité intellectuelle de leur milieu, tels un Pic de la Mirandole, etc. Mais on doit aussi penser que les idées nouvelles ont débordé le cadre étroit de ces milieux et que quelque chose s'en est répandue dans les classes dirigeantes.

En se diffusant dans des régions et des milieux divers, les idées humanistes formées originellement en Italie ont pris des nuances variées. On peut évoquer l'Italie et spécialement Florence et Venise, Paris pour les érudits qui se groupent autour de Budé et des Estienne, Lyon avec le médecin Symphorien Champier, la cour du roi de Hongrie, Cracovie, où l'humanisme littéraire et philosophique domine[35]. C'est à l'étude des textes anciens, à leur commentaire, à leur imitation, au souci du beau langage cicéronien, à la défense du « divin Platon » que l'on s'emploie.

Rien n'illustre mieux la solidarité des lettrés, la rapidité de la diffusion des idées nouvelles, l'universalité du savoir et l'idéal élevé des défenseurs de l'Humanisme que la carrière et l'influence d'*Erasme de Rotterdam* (1469-1536). Fils bâtard d'un prêtre et d'une bourgeoise de Rotterdam, il reçoit sa première formation humaniste à l'école de Deventer. Moine augustin (ordre de Luther), ordonné en 1492, il devient, comme tant d'humanistes à la recherche d'une sinécure, secrétaire de l'archevêque de Cambrai. Il complète sa formation à Paris, où il fréquente les cercles lettrés. Puis ce sont des voyages incessants, en Angleterre, où Thomas More l'accueille et où John Colet l'intéresse aux problèmes de théologie, en Italie (1506-1509), où il séjourne à Rome, Florence, Padoue, Venise.

Dès 1500, sa renommée est bien établie. Il est partout reçu comme un maître, on admire son latin, sa profonde connaissance des écrivains antiques, son humanité. Les savants et les lettrés s'honorent de correspondre avec lui, le jeune Charles de Bourgogne en fait son conseiller, François Ier tente de l'attirer à la cour, le Pape lui offre en 1535 le chapeau de cardinal. Erasme se fixe à Bâle où il meurt en 1536, fidèle à son Eglise et à ses idées.

35 B. BENNASSAR et J. JACQUART, *Idem*, pp. 64- 65.

Son œuvre abondante et variée est une illustration des ambitions spirituelles de l'Humanisme. Toute une partie se rattache à l'humanisme littéraire et philologique : recueil de textes anciens commentés, exercices latins à l'usage des écoliers, innombrables éditions des textes anciens (Plaute, Sénèque, Platon, Plutarque, etc.), traductions latines d'écrivains grecs. A partir du texte grec, il prépare une traduction du Nouveau Testament, plus fidèle que la Vulgate et édite les Pères de l'Eglise. Erasme se veut moraliste, en fustigeant tous les hommes dans l'*Eloge de la Folie* (écrit en 1509 et édité en 1511), en conseillant les Princes (*Institution du Prince Chrétien,* 1516), les époux *(Institution du mariage chrétien,* 1526*)*, en dénonçant l'égoïsme, l'orgueil, l'agressivité.

Retenons de l'Humanisme qu'il est d'abord une « esthétique ».Selon les humanistes, la contemplation de la beauté est un moyen supérieur de connaissance du réel. Ce qui est beau, harmonieux, équilibré, est plus proche du divin. Cependant, si la beauté existe dans la nature, elle y est souvent voilée par les accidents matériels. L'homme a le pouvoir de créer la beauté en imitant la nature et en l'idéalisant par un effort sélectif : l'art est à la fois acte créateur, par lequel l'artiste inspiré, participe à l'action divine et moyen d'ouvrir au spectateur une fenêtre vers le monde idéal.De toutes les beautés de la nature, la beauté humaine est la plus proche de cet idéal esthétique.

L'Humanisme est une étape importante dans l'élaboration de la science. Il a posé les jalons d'une méthode scientifique. On peut évoquer certains progrès réalisés notamment dans le domaine des « mathématiques » qui retinrent spécialement l'attention des humanistes, nourris de la lecture de Pythagore. La géométrie s'enrichit de la trigonométrie, les exigences du commerce provoquent une amélioration des méthodes de calcul. L'algèbre progresse également, mais l'absence d'une notation simple et uniforme rend son maniement difficile. La connaissance est la valeur suprême, d'où l'importance de l'éducation et de la science.

C'est grâce aux progrès des mathématiques joints à l'observation rudimentaire (pas de lunette d'approche) que « l'astronomie » se renouvelle. La certitude acquise de la rotondité de la terre laissait subsister le géocentrisme affirmé par Ptolémée et l'Ecriture Sainte. Nicolas Copernic (1473-1543) élabore une solution révolutionnaire à partir des astronomes anciens, de sa conviction de l'harmonie supérieure du mouvement circulaire, de quelques observations de Mars et de Vénus. Dans le *De revolutionibus orbium caelestium,* paru à Nuremberg, centre de recherches mathématiques, en 1543, il présente sa théorie de l'héliocentrisme : autour du soleil, centre de l'univers, tournent les sphères célestes, parmi lesquelles celle de la terre.

Critiqué par les théologiens dont Melanchton, au nom de l'« Ecriture », la théorie n'emporta pas l'adhésion des savants. Il fallut attendre le XVIIIème siècle pour que la terre perde définitivement sa place de centre de l'univers.

L'Humanisme est également « une éthique », à la fois individuelle et sociale. La morale humaniste repose sur un optimisme fondamental : créature privilégiée, l'homme est naturellement bon, naturellement disposé à se conformer au plan divin. Que cette conception soit en contradiction avec la doctrine du péché originel ne dérange pas les tenants de l'Humanisme. Pour eux, la raison humaine, instruite par la philosophie, soutenue par la grâce divine, qui est généreusement donnée à tous, permet de rejeter ce qui dérange l'ordre et l'harmonie de la nature et de choisir le respect de la volonté divine. Cette croyance va de pair avec l'affirmation double de la liberté et la responsabilité de l'Homme. Il peut se tourner uniquement vers ses aspirations les plus matérielles, il peut aussi s'élever à la connaissance des réalités divines. Son choix est libre et sa responsabilité, entière, dans la mesure où l'éducation lui donne les éléments d'un jugement sain. Cette ascension de la personnalité individuelle passe par l'amour, mais, comme l'enseigne Platon, cet amour, s'il se tourne d'abord naturellement vers la beauté des corps doit s'en affranchir pour s'adresser à la beauté des âmes.

La morale individuelle est donc le respect de soi-même, obéissance aux aspirations naturelles et bonnes que chacun découvre en soi, sublimation des passions matérielles. Elle est aussi respect de l'autre et de ses propres aspirations. Transportée sur le plan collectif et social, cette morale individuelle s'attache à tout ce qui préserve la liberté, à tout ce qui permet un choix raisonné du Bien. A travers les écrits politiques d'Erasme, à travers la description de la manière de gouverner de Pantagruel et de Gargantua s'exprime clairement cette conception. Le bon prince doit vouloir le bien commun, il doit respecter les droits de chacun, il doit faire régner la paix, renoncer aux conquêtes ambitieuses, lutter contre le luxe insolent et protéger les faibles. Inspiré par le Christ, qui est le « Prince de la paix », le prince doit accepter les mêmes blessures d'amour-propre plutôt que de déclencher la guerre, qui est toujours le pire des maux. Car, pour Erasme, il n'y a pas de guerre juste et « la paix n'est jamais payée trop cher ».

L'Humanisme, c'est aussi une« théologie ». Au-delà de son effort pour construire l'Homme, l'entourer de beauté, lui donner des règles de vie et des moyens de dominer le cosmos, l'Humanisme débouche naturellement sur une théologie. Selon Bartolomé Bennassar et Jean Jacquart, « tous les humanistes ont été des esprits profondément religieux, et ce serait gravement trahir leur pensée que de voir en eux des esprits forts, dégagés de toute croyance. Leur philosophie était bien trop imprégnée d'idéalisme, bien trop tournée vers la connaissance de l'Être, bien trop préoccupée de l'accès au monde divin, pour ne pas poser clairement le problème religieux »[36].

Les humanistes ne remettent pas en cause la religion mais la façon dont elle est pratiquée. Leurs recherches sur l'homme débouchent sur l'étude critique de la Bible et la remise en cause de l'éducation traditionnelle de l'Eglise. Ils sont surtout scandalisés par sa richesse[37].

Quelle que soit leur admiration pour la sagesse antique, ces hommes restent tout naturellement chrétiens. Ils tentent d'accorder leur vision de Dieu et leur conception de l'Homme avec la révélation et les lois de l'Eglise, ce qui ne va pas sans quelques difficultés, quelques contradictions, quelques contresens. Mais l'optimisme fondamental aide à les surmonter ou à les dépasser, jusqu'à ce que la rude lucidité de Luther et les exigences des théologiens tridentins obligent à choisir[38].Selon les humanistes, l'homme n'est plus un pécheur humilié devant Dieu et déchu par le péché originel. Par son pouvoir de création, par ses facultés intellectuelles, il apparaît au contraire à l'image de Dieu[39]. Cet optimisme et cette foi dans les possibilités de l'homme bouleversent les conceptions traditionnelles du Moyen-Âge imposées par l'Eglise catholique, qui faisaient de Dieu le centre de l'univers.

Puisque l'Amour est le mode supérieur de la connaissance, le Dieu des humanistes est avant tout Amour. Pour eux, le Père se confond avec l'Être du néo-platonisme. Le Dieu jaloux de l'Ancien testament ne les intéresse pas. Le message évangélique et la douceur du Christ retiennent leur attention. Les paraboles, la charité, le Sermon sur la Montagne l'emportent sur le sacrifice de la croix. Pour autant que le péché originel n'avait pas détruit la « *Dignitas hominis* », le mystère de la rédemption ne s'imposait pas. Il suffit donc d'imiter le Christ, d'aimer comme il l'a demandé et enseigné. Ils s'inspirent de l'enseignement de St Augustin qui dit : « Aime et fais ce que tu veux ».

En étudiant la pensée antique, les humanistes découvrent et célèbrent une philosophie et une morale très éloignées de celles de l'Eglise. La recherche du bonheur et de la sagesse

36 B. BENNASSAR et J. JACQUART, *Idem.*, p. 71.
37 Cf. Humanisme et renaissance sur le sit http://WWW.lombardf.com/
38 B. BENNASSAR et J. JACQUART *Idem.*, p. 71.
39 Cf. WWW.Maxicours.com.

apparaît totalement nouvelle, car jusque-là les hommes, selon l'Eglise, ne devaient se préoccuper que du respect des traditions religieuses.

L'humanisme brise également le monopole de l'Eglise sur la vie intellectuelle.Auparavant, l'enseignement supérieur était aux mains de l'Eglise. Seuls les sujets religieux étaient abordés, et tous les domaines, même la science, étaient subordonnés à la religion. Par exemple, l'apparition en France du collège des lecteurs royaux, qui dépend du roi et non de l'Eglise, constitue un réel bouleversement. Des sujets profanes sont alors abordés[40].

De ce qui précède, nous pouvons tirer deux conséquences. Premièrement les humanistes insistent sur le fait que la « Parole » soit enseignée et comprise dans sa forme exacte. Ainsi, ils recourent à la philologie classique en vue de restituer au texte de l'Ecriture son sens originel et donc de donner une traduction fidèle au texte de l'« Ecriture ». Ils recherchent les manuscrits, les comparent, les critiquent, retournent au grec, à l'hébreu, au syriaque, pour donner de nouvelles versions du texte saint, de nouvelles traductions. Il faut dire que les éditions réalisées par les humanistes, bien qu'elles ne soient pas parfaites, ont tout au moins un caractère révolutionnaire puisqu'elles diffèrent sensiblement du texte dont l'Eglise médiévale s'est servi. A titre d'exemples nous citons : La Bible polyglotte, publiée en 1522, le Psautier quintuple, édité par Lefebvre d'Etaples en 1507, la traduction en latin du Nouveau Testament par Erasme en 1516.

En deuxième lieu, on peut noter le mépris des humanistes pour les discussions des théologiens sur les mystères divins, sur la Trinité, l'Incarnation - et l'indifférence vis-à-vis des formules dogmatiques où l'on tente d'enfermer les rapports entre le Dieu d'amour et les hommes. Pour eux, quelques dogmes fondamentaux, tirés de l'Ecriture sainte, doivent suffire. Le reste est construction humaine, domaine des opinions variables. Une large tolérance doit être pratiquée pour tout ce qui n'est pas nécessaire au salut.

L'amour étant affaire individuelle, la religion l'est aussi. L'homme libre et responsable fait son salut solitairement. La raison prépare la foi, qui est donnée par la grâce. La foi vit de l'amour et de la Parole évangélique.

Dans cette perspective, l'Eglise est une institution voulue par Dieu pour aider les hommes à faire leur salut. Elle doit donc être « mère », qui conseille, qui donne l'exemple,

---

40*Idem.*

mais qui n'ordonne pas et qui ne punit pas. A la fois par respect de l'Antiquité, par souci de la liberté de l'Homme, par la prééminence donnée aux choses de l'esprit sur les actes matérialisés, les humanistes souhaitent un retour de l'Eglise aux pratiques des premiers siècles, une purification des rites. Ils rejettent, comme des formes superstitieuses, les observances traditionnelles, les dévotions outrées. Leur religion est à la limite, un moralisme fondé à la fois sur le message de l'Evangile et l'éthique gréco-romaine, un déisme assez vague, libéré des formes ecclésiastiques. Religion intellectualisée à l'extrême, religion d'érudits, d'hommes de cabinets, dotés d'une vaste culture, elle n'a pas pu fournir aux hommes du XVIème siècle une solution à leur quête spirituelle[41].

2.2. L'alliance de l'humanisme et de l'imprimerie

En tant qu'un des agents de la mutation, l'imprimerie a modifié les méthodes de conservation des données, les systèmes d'enregistrement et de restitution des textes et les réseaux de communication utilisés dans toute l'Europe par des communautés savantes[42]. A la fin du XVème siècle, la reproduction de la matière écrite passe progressivement de la table du copiste à l'atelier typographique. Ce qui constitue une révolution dans le monde du savoir. Selon Mc Luhan, la typographie eut des effets psychologiques et sociaux qui modifièrent soudainement les frontières et les modèles antérieurs de la culture. En produisant une fusion - certains diront une confusion - du monde antique et du monde médiéval, le livre imprimé créa un troisième monde, le monde moderne.

L'imprimerie, affirme Elizabeth L. Eisenstein, a joué un grand rôle dans le renouveau intellectuel. Elle a accéléré la diffusion des idées et des textes et bouleversé les conditions de leur création et de leur production. Cela n'a pas seulement eu des conséquences sur la construction de la science moderne et sur son essor, mais aussi sur le mouvement de Réforme et plus généralement sur ce qu'il est convenu d'appeler la Renaissance. L'imprimerie ne fut pas une simple technique au service d'un renouveau intellectuel, mais l'un de ses acteurs.

Mc Luhan souligne que l'imprimerie par caractères mobiles a été la première expérience de mécanisation d'un métier complexe, et elle devint l'archétype de la mécanisation dans toutes ses applications. L'explosion typographique a prolongé l'esprit et la

41 B. BENNASSAR et J. JACQUART, *Idem.*, pp. 71- 72.
42 E. EISENSTEIN, *Op. Cit.*, p. 15.

voix des hommes et reconstitué un dialogue humain à l'échelle du monde et qui relie les époques.

Simplement en tant que réservoir d'information et moyen d'en disposer rapidement, la typographie, en effet, a mis fin, socialement et psychologiquement, dans l'espace et dans le temps, au régionalisme et au tribalisme. En réalité, pendant les deux siècles qui suivirent son invention, la typographie servit bien davantage le désir de voir les oeuvres du Moyen-Âge et de l'Antiquité que le besoin d'en écrire et d'en lire des nouvelles. Plus de la moitié des livres imprimés avant 1700 contenaient des textes antiques ou médiévaux. Ce sont l'Antiquité et le Moyen-Âge que l'on donna à lire au premier public de l'imprimé. Et les textes médiévaux étaient de loin les plus populaires.

L'imprimerie a contribué à l'uniformisation des types régionaux, puis, moins rapidement, des grandes catégories d'écriture : finalement, un type d'écriture unique, le caractère romain, triomphera dans la plus grande partie de l'Europe : en Italie, en France, dans une partie de la Suisse, puis en Espagne et en Angleterre. L'imprimerie « a fait apparaître le nationalisme, l'industrialisme, les marchés de masse, l'alphabétisation et l'instruction universelles. L'imprimé, en effet, était un exemple de précision reproductible qui inspira des façons totalement nouvelles de prolonger l'énergie sociale »[43].

L'unification politique de populations entières au moyen des langues vulgaires et les groupements linguistiques étaient inconcevables avant que l'imprimerie ne transforme chaque langue vulgaire en un moyen de communication de masse étendu. La tribu, forme amplifiée de la famille et des liens du sang, éclate et cède la place à une association d'hommes que l'on a formés uniformément à être des individus[44]. Bref, l'imprimerie a créé l'individualisme et le nationalisme au cours du XVI ème siècle. Elisabeth Eisenstein indique qu'aucun secteur du savoir n'a échappé à son influence ; qu'il s'agisse de la politique, de la religion, de l'économie, de la philosophie, etc. Les conséquences liées à la consommation de la matière imprimée ou à la transformation des mentalités sont d'une importance capitale et touchent pratiquement toutes les formes de l'activité humaine. Avant l'imprimerie, le marché du livre était un marché d'occasion où la marchandise était plutôt rare. L'imprimerie transforma à la fois l'enseignement et le commerce. Le livre fut la première machine à enseigner ; il fut aussi le premier article produit en série.

---

43 Mc LUHAN, Pour comprendre les médias. Les prolongements technologiques de l'homme, édit., Mame, 1968, p.201.
44 *Idem*, p. 206.

La culture manuscrite pratiquait une forme orale d'enseignement appelée, dans ses manifestations les plus valables, la « scholastique ». En mettant des textes strictement identiques à la disposition de tous les étudiants et tous les lecteurs, quel qu'en fut le nombre, l'imprimé mit fin rapidement au régime scholastique de la discussion orale. Parmi les conséquences psychologiques et sociales de l'imprimé, on note, le fait d'étendre à diverses régions son caractère fissile et uniforme et de les rendre homogènes, d'où l'augmentation de leur puissance, de leur énergie et de leur agressivité, typiques des nouveaux nationalismes[45].

En lui-même lieu d'échange et de circulation des idées, le livre imprimé commença à jouer un rôle nouveau d'agora intellectuelle largement renforcé par son double statut de marchandise et d'objet portable. L'imprimerie multiplie les possibilités de communication par le texte et l'image grâce à un support constitué généralement par du papier. Elle permet de reproduire exactement et à un grand nombre d'exemplaire l'écriture, le dessin ou l'image.

En effet, l'une des grandes innovations intellectuelles de la Renaissance fut de faire de l'«idée » un objet de communication, un *objet mental* qui pouvait d'autant mieux se transporter, se transférer, s'enrichir, se vérifier, s'amender, se modifier, se combiner, qu'il n'était plus lié à un système théologique qui en normalisait et en restreignait la circulation. On pouvait désormais « travailler » les idées, et l'intellectuel n'était plus le commentateur du texte sacré, mais l'artisan qui découvrait les idées, les forgeait, les soumettait à la critique pour les forger à nouveau avant de les faire circuler. Par l'intermédiaire du livre, l'idée s'introduit dans un circuit marchand où, si ce n'était pas directement elle qui se vendait, c'était au moins son support imprimé. L'idée en acquérant une valeur grâce aux nouvelles techniques de reproduction et de diffusion, commença à pouvoir être considérée comme une information[46].

L'uniformité et le caractère répétitif de l'imprimé ont imprégné la renaissance de l'idée que le temps et l'espace sont des quantités continues et mesurables. Cette idée eut pour effet direct de désacraliser le monde de la nature et celui du pouvoir. La nouvelle technique de domination des processus physiques par segmentation et par fragmentation séparait Dieu de la nature, tout autant que l'homme de la nature, ou l'homme de l'homme[47].

Selon P. Chaunu, l'humanisme a joué un rôle dans l'ensemble des facteurs qui ont poussé à la mutation innovatrice du caractère mobile. Il a contribué à augmenter le nombre

45Mc LUHAN, *Op. Cit.,*, pp. 196- 197.
46 P. BRETON et S. PROULX, *L'explosion de la communication*, édit., La Découverte, Paris, 1999, p. 52.
47 Mc LUHAN, *Idem.*, p. 205.

d'hommes capables de lire et d'écrire, à étendre l'utilisation du papier, à développer le besoin religieux de l'image et la technique du xylographe. Sans le livre imprimé, il n'aurait pas eu de révolution humaniste. L'humanisme du XVème siècle serait retombé comme celui du VIIIème et du IXème siècles ou encore celui du XIIème siècle, parce que, sans lui, le labeur humaniste est un travail de Pénélope[48]. L'humanisme, doublé de l'invention de l'imprimerie, développe l'esprit critique vis-à-vis des textes sacrés. Une nouvelle tournure d'esprit en découle, qui consiste à ne plus rien admettre à priori. L'alliance de l'humanisme et de l'imprimerie, c'est également une multiplication de la Bible en plusieurs exemplaires, en quelques années. Avec une lecture beaucoup plus simple, parce que plus large, beaucoup plus individuelle aussi, sans commune mesure avec la lecture savante et la lecture collective de l'Eglise. Or, la lecture des humanistes, leur interprétation grammaticale, historique, au ras des textes, est proche de la lecture primitive, élémentaire, non guidée ; ce qui ne peut manquer de troubler profondément les chrétiens qui s'y livrent..

Pour conclure ce point, disons que l'humanisme et l'imprimerie se sont en quelque sorte comportés en ennemis de l'Eglise établie. La reconnaissance de l'Eglise catholique en tant que « mère et enseignante » ayant reçu mission d'accompagner les fidèles dans leur salut n'est pas suffisante. Les humanistes n'ont pas vu dans l'Eglise, une institution régie par des règles. Ils n'ont pas considéré sa mission au sein de la société. D'autre part, on ne peut dissocier l'Eglise de ses dogmes et de ses rites. S'y engager, c'est lui enlever une partie de sa substance. Cependant, accepter qu'elle puisse se reformer, voilà ce qui est possible.

---

48 P. CHAUNU, *Le temps des Réformes. Histoire religieuse de civilisation* (coll. Le monde sans frontière), édit., Fayard, Paris, 1975, p. 316.

2. 3. La Réforme : ses origines

L'Eglise doit toujours être réformée ; c'est ce que résume la formule latine « *Ecclesia semper reformanda est* ». En effet l'Eglise doit être ramenée à sa pureté primitive et à la teneur exacte du message évangélique. En ce sens, l'Eglise d'Occident a connu plusieurs réformes dans son histoire, mais celles qui marquent le XVIème siècle vont plus loin. La volonté de revenir aux sources a ainsi amené à briser l'unité, à créer des Eglises nouvelles, à rejeter l'héritage de la tradition millénaire. Sous ses formes multiples, le protestantisme est toujours une rupture. Et le catholicisme tridentin, s'il réaffirme les valeurs coutumières, n'en est pas moins différent de l'Eglise de la fin du Moyen-Âge.

Avec la Réforme protestante, Luther place les écritures et donc le livre au centre du renouveau chrétien. Conséquence, un nombre croissant des prédications abondant dans tous les sens[49]. La Réforme protestante voulut ouvrir à tous les fidèles l'accès au livre et, d'abord, au livre par excellence, la Bible. La multiplication des textes par l'imprimerie rendait la chose désormais possible.

La Réforme n'est pas apparue dans une chrétienté où le sens religieux aurait été affaibli, mais, au contraire dans un monde dont les exigences spirituelles croissaient, qu'il s'agisse des clercs ou de la foule des fidèles. C'est la crise de la spiritualité médiévale et l'impuissance de l'Eglise établie à la surmonter qui créent le climat favorable à une remise en cause de la foi traditionnelle.

Il y a d'abord le climat d'inquiétude religieuse qui marque la fin du Moyen-Âge : l'exigence naturelle du salut se heurte à une conscience plus nette du péché et de ses conséquences, renforcée par le spectacle des désordres et des malheurs de la chrétienté. Chacun se sent coupable et la crainte du châtiment éternel se traduit dans les images terrifiantes des peintres et des poètes. Les *Danses des morts, le Testament* de Villon, *L'Apocalypse de* Dürer témoignent de cette interrogation permanente qui atteint aussi bien les clercs que les petites gens : que faire pour être sauvé ? Qui suivre ? Qui invoquer ? Le souvenir du Grand Schisme[50], les conflits entre les papes et les conciles, les conflits entre les papes et les états, autant de motifs de craindre de suivre un mauvais berger. Toute une

49 Cf. P. BRETON et S. PROULX, *Op. Cit.*, p. 58.
50 Conflit qui divisa l'Eglise de 1378 à 1417 et durant lequel il y eut plusieurs papes à la fois.

atmosphère trouble se développe, renforcée par les prédicateurs populaires qui décrivent les souffrances du Crucifié, invitent à la pénitence, approuvent les troupes des flagellants ; ce climat est également renforcé par les théâtres des mystères, par les mille représentations de la passion, des martyrs des saints. Face au mal triomphant, le chrétien se sent à la fois coupable et terriblement seul. C'est dans la solitude qu'il cherche les moyens d'assurer son salut.

À cette inquiétude solitaire, la dévotion traditionnelle ne peut donner que des réponses insuffisantes. Dieu est trop loin, trop terrifiant. Aussi les fidèles cherchent-ils d'autres avocats. La Vierge d'abord, qui abrite ses enfants sous son manteau. Et puis les saints, de celui dont on porte le nom, d'autres qu'on invoque dans telle ou telle maladie, telle ou telle circonstance, leurs images se multiplient aux murs des églises...De même cherche-t-on des assurances contre la mort soudaine et la damnation.

Les fidèles accomplissent des pèlerinages, ils portent médailles et scapulaires, ils récitent plus ou moins mécaniquement, prières et litanies, ils multiplient les messes pour les pauvres défunts, ils collectionnent les indulgences attachées par l'Eglise à telle ou telle dévotion.

Le danger majeur est celui d'un glissement progressif du sentiment religieux vers le formalisme, la superstition, d'un déplacement de la foi du Christ vers les créatures, du développement d'une mentalité de comptable additionnant le droit et l'avoir. Et encore, ces pratiques pieuses ne donnent-elles pas la certitude intérieure du salut : Luther l'éprouve plus que tout autre. L'angoisse du salut, l'aspiration générale à une certitude appuyée sur l'autorité de Dieu est ainsi un élément fondamental de la crise.

Au niveau de l'élite intellectuelle, ce désarroi existe également. Il est renforcé par le triomphe universitaire du nominalisme d'Occam : en séparant radicalement le domaine de la révélation et celui de la raison humaine, il affirme l'impossibilité de connaître Dieu, l'inutilité des efforts pour comprendre ses desseins. La religion n'est plus qu'une série de vérités proclamées autoritairement et reçues passivement, de rites imposés et inintelligibles[51].

Le triomphe du nominalisme sonne le glas de la scolastique et ruine les grandes synthèses associant foi et raison, élaborées au XIII ème siècle : privilégiant la connaissance intuitive, il ouvre les voies à l'individualisme. L'humanisme, partout en honneur, en fait autant par un cheminement très voisin : il privilégie le libre examen au détriment des

51 B. BENNASSAR et J. JACQUART, *Op. Cit.*, p. 91.

institutions ecclésiales, minimise l'importance des sacrements, donne à la culture un statut autonome par rapport à la pensée religieuse et conduit insensiblement à une autonomie de l'homme lui-même vis-à-vis de toute autorité spirituelle.

La spiritualité, en plein essor, a pris, elle aussi, un tour individualiste et volontiers anti-intellectualiste. Les théories conciliantes mettent directement en cause l'autorité pontificale et développe une logique à la fois de démocratie et d'autonomie au sein de la vie ecclésiale. On en voit les effets dans l'affirmation des Eglises nationales, avec tous les risques de mainmise des pouvoirs politiques sur elles[52].

Alors que le thomisme avait tenté de traduire en langage logique le mystère divin, les théologiens de la fin du XVème siècle, à force de raffiner sur les concepts et d'enchaîner des syllogismes savants ont vidé la foi de toute substance rationnelle : le lien entre le Créateur et l'homme est rompu. Or le fidèle éclairé, à cette époque plus encore qu'à toute autre, veut accorder son expérience sensible et sa croyance, soumettre à son jugement personnel les vérités, poser en termes rationnels sa relation à Dieu. A l'heure où l'esprit de découverte et d'observation fait des progrès, le silence des docteurs est fortement ressenti. Ce malaise va de pair avec le développement de l'individualisme. Le fidèle éclairé ne se résigne plus à attendre les solutions aux problèmes de sa vie de l'Eglise. Il se jette à l'eau et cherche à donner des réponses aux questions théologiques qui étaient jusqu'alors réservées aux clercs. P. Chaunu souligne trois choses dans la Réforme protestante : une rupture à la rencontre de deux courants autonomes, l'humanisme et la sotériologie luthérienne (fondée sur la « *sola scriptura* »).

La crise de l'Eglise à la fin du Moyen-Âge est à la fois celle de l'institution et celle du message spirituel qu'elle doit transmettre. Les abus dont souffre l'Eglise catholique « en sa tête et en ses membres » sont nombreux. Des souverains pontifes plus occupés de belles-lettres, comme Pie II, d'ambitions familiales, comme Alexandre VI, de guerres, comme Jules II, de constructions nouvelles, comme Léon X ; un Sacré Collège peuplé de cardinaux souvent indignes ; une Curie avide, guettant les profits possibles, exigeant des Eglises locales des sommes sans cesse croissantes (ceci surtout en Allemagne et en Angleterre). Des évêques courtisans, nommés pour des motifs politiques (cadets de grandes familles, serviteurs des souverains), ne résidant pas, ne visitant jamais leur diocèse, cumulant les sièges et les profits, d'ailleurs sans pouvoir de discipline sur des chapitres qui les ignorent ou des curés qu'ils ne

52*Théo. L'Encyclopédie catholique pour tous*, édit., Droguet-Ardent, Paris, 1992, p. 390.

nomment même pas. Des bénéficiaires chargés de paroisse, mais préférant la vie douillette des villes et confiant les soucis pastoraux à un prolétariat clérical, mal payé, cherchant à profiter de la situation, vendant les sacrements. Le clergé séculier donne trop souvent l'exemple de relâchement et de brutalité des moeurs : ivrognerie, paillardise, concubinage, violences. Même chose chez les religieux : inobservance de la règle, abandon de la clôture, vagabondage, âpreté matérielle, mauvaises moeurs.

On embrasse la prêtrise comme un métier, mais aucun règlement corporatif n'en organise l'apprentissage. La plus grande partie du clergé rural- responsable du salut des quatre cinquièmes de la population - ne reçoit aucune formation, ni théologique, ni pastorale, ni même liturgique. Beaucoup de ces clercs campagnards ne savent pas le latin et récitent des textes qu'ils ne comprennent pas. Ils ignorent l'Ecriture. Ils distribuent les sacrements comme des remèdes magiques.

Le clergé urbain est sans doute mieux formé, ses membres font au moins un court séjour à l'université, mais on devine que la formation scolastique ne les prépare pas davantage à apporter au peuple des villes les certitudes rassurantes qu'il réclame. Faiblesse que Luther stigmatise dès 1512, mettant ainsi l'accent sur les véritables problèmes.

Ces faiblesses de l'Eglise établie expliquent l'échec des précédentes tentatives de réformes menées tant par la papauté que par la hiérarchie jusqu'aux affirmations brutales et toniques de Luther.

Les conciles généraux de Constance[53] et de Bâle[54] avaient promulgué des canons réformateurs, mais le désir de la papauté de maintenir et de renforcer la primauté romaine empêcha leur application. Les pontifes, à leur tour, proclamèrent à plusieurs reprises leur volonté de mettre un terme aux abus les plus criants. Mais la pratique démentait leurs efforts et les problèmes politiques venaient sans cesse se mêler aux nécessités religieuses. Si Jules II convoque le concile universel en juillet 1511, c'est plus pour faire pièce à Louis XII et à Maximilien, qui ont, de leur côté, réuni un concile à Pise pour déposer le pape, que pour traiter des problèmes de l'Eglise. Et le concile de Latran (1511-1517) se borne à exhorter les cardinaux à vivre en prêtres et à restreindre le cumul des bénéfices. Six mois après la fin du concile de Latran, les thèses de Luther sont publiées à Wittenberg.

53 Dix-septième concile œcuménique (1414-1418) qui mit fin au grand schisme d'Occident.
54 Convoqué par le pape Martin V, en application du concile de Constance qui prévoyait la convocation d'un concile œcuménique à intervalle régulier : 5 ans pour commencer, puis 7 ans et enfin tous les 10 ans. Ce concile a eu lieu entre 1431 et 1445.

Les princes échouèrent également dans leurs tentatives pour lutter contre les abus dans leurs Etats. En France, les états généraux de 1484 réclamèrent des réformes que le cardinal Georges d'Amboise tenta de mettre en oeuvre, en vain. Seule l'Eglise d'Espagne, grâce au cardinal Cisneros, connut une réelle amélioration matérielle (restauration de la discipline, réforme des ordres religieux) et spirituelle (rénovation des universités).

Quelques efforts plus ou moins isolés vont dans le même sens : réformes de certaines congrégations bénédictines, fondation de l'ordre des Minimes par saint François de Paule, rétablissement de la règle franciscaine dans une partie de la vaste famille des Frères Mineurs, tentatives de Jan Standonck au collège de Montaigu à Paris, pour mieux former les futurs clercs.

A vrai dire, toutes ces tentatives de réformes ne touchaient pas à l'essentiel. On voulait faire disparaître les abus, sans répondre à l'attente du peuple chrétien.

Aussi, est-ce dans de petits cercles, unissant clercs et laïcs dans une commune recherche, que des voies spirituelles nouvelles s'élaborent discrètement, préparant ainsi un climat favorable à une vraie réforme religieuse. Recherches marquées par l'individualisme, menées en marge de l'Eglise officielle, de ses institutions et de ses rites. « Le mysticisme »ou la tentative de rejoindre directement le divin, hors des voies ordinaires se met petit à petit en place. Les écrits de maître Eckhart, de Jean Tauler, de Ruysbroeck, de l'anonyme auteur de la célèbre *Imitation de Jésus-Christ* (probablement Thomas de Kempis, mort en 1471) sont lus et médités.

Cette « *devotio moderna* » néglige les observances traditionnelles, insiste sur l'oraison, effort personnel qui s'aide de petits recueils de réflexions, de conseils, de textes à méditer. Ainsi se groupent les frères de la Vie commune, les chanoines réguliers de Windesheim, (regroupant, en une vie spirituelle communautaire, les clercs gagnés à ces nouvelles voies religieuses). Mais le mysticisme ne donne qu'une solution limitée aux problèmes de la foi. Il ne peut être sans danger proposé comme forme ordinaire de la vie religieuse à tous. Et si le fidèle prend conscience, comme Luther, de son impuissance à imiter le Christ, son angoisse en est accrue.

La solution de l'Humanisme, telle qu'elle se dégage des efforts et des écrits d'un John Colet, d'un Erasme, d'un Lefebvre d'Etaples peut aussi ouvrir à une voie spirituelle nouvelle. A la base, une idée optimiste de la nature humaine, de son aptitude au bien, et donc au salut -

ce qui peut rassurer le fidèle. A la base également, une profonde religiosité, mais qui ne s'embarrasse pas des formes de la tradition. Dans les faits, les humanistes souhaitent un retour à la simplicité évangélique, veulent une religion intellectualisée, sans formes extérieures trop facilement superstitieuses. Ils valorisent les œuvres spirituelles et rejettent les œuvres purement mécaniques de la dévotion de leur temps. Enfin, ils revendiquent le droit de vérifier, à la lumière de la philologie classique, la manière dont la Parole de Dieu est transmise. Ils ne se privent pas de critiquer les abus de l'Eglise, de se moquer des théologiens, de dévaluer la vie conventuelle. A ce titre, « ils ont certainement contribué à préparer les esprits aux formules luthériennes ».[55]

55 B. BENNASSAR et J. JACQUART, *Op. Cit.*, p. 94.

2. 4. La Réforme : le luthéranisme

Le personnage de Luther a suscité de nombreuses études, souvent contradictoires, souvent partiales.

Au terme d'un long cheminement solitaire, il découvre sa voie et le proclame en 1517. Moment décisif qui mène, en quatre ans, aux ruptures sur les thèmes essentiels qui sont ceux de tous les mouvements réformés.

Né en 1483 à Eisleben, en Thuringe, il est fils d'un paysan aisé devenu exploitant minier. Il étudie chez les Frères de la Vie commune, dans une ambiance spirituelle exigeante, puis à l'université d'Erfurt où il obtient sa maîtrise en philosophie en 1505.

Il se destinait au droit, comme tant d'autres enfants d'une petite bourgeoisie cherchant à s'élever socialement, lorsqu'à la suite d'un orage, il fait voeu d'entrer en religion, malgré l'opposition paternelle. Il choisit l'ordre assez rigoureux des Ermites de saint Augustin. Etudiant brillant, on abrège pour lui le noviciat, on l'envoie étudier la théologie à Wittenberg. Très tôt, on lui confie un enseignement. En 1507, il est ordonné prêtre, en 1512, il est docteur en théologie et enseigne dès l'année suivante à Wittenberg. En apparence une belle carrière religieuse (il est sous-prieur et jouit de la confiance du vicaire général de l'Ordre) et universitaire.

Cependant, Luther cache une profonde inquiétude personnelle liée à son salut et à son âme. Le jeune moine est formé aux leçons désespérantes de l'occamisme et nourri de l'idée que nous ne pouvons savoir si nos œuvres sont agréables.

La voie mystique qui lui est ouverte par son directeur, le persuade de la transcendance absolue de Dieu, en même temps qu'il se pénètre de l'idée de la nature irrémédiablement pécheresse de l'homme, par une assimilation de la tentation au péché, quelles que soient les œuvres accomplies.

A ce stade de sa réflexion, qu'on peut saisir à travers ses cours sur les Epîtres de saint Paul, Luther « découvre » l'affirmation fondamentale : Dieu ne nous juge pas par une sorte de balance entre nos péchés et nos œuvres, mais il nous justifie, à cause de notre seule foi (*sola fide*), à cause des mérites du Fils, et sans que nous cessions pour autant d'être et de demeurer pécheurs. Et cette certitude emplit le coeur du croyant, malgré ses manquements, d'une totale quiétude intérieure. Tous les développements ultérieurs de la pensée de Luther et tous les courants réformés sortent de cette affirmation de la justification par la foi, et la foi seule.

Même si le génie prophétique d'un homme éclate ici, beaucoup plus clairement que dans l'élaboration de la « Sola Scriptura », la « Justicia passiva », le principe théologique de la Réforme, est également le fruit d'évolutions convergentes. Elle se situe un peu, comme le principe de l'Ecriture seule, en coupe-circuit des accumulations des gestes et des pratiques sécurisantes, en réaction contre la délégation de plus en plus exclusive des moyens du salut au groupe ecclésial, contre une dépossession de Dieu[56].

« La querelle des indulgences » est l'occasion d'affirmer les idées de Luther. La concession d'indulgences accordées pour des pratiques de dévotion, voire pour des aumônes faites à l'Eglise entraînait une confusion entre indulgence (remise d'une partie des peines de purgatoire) et absolution. Par ailleurs, la justification par la foi ne permet pas d'attribuer aux oeuvres une valeur quelconque, elle entraîne le rejet de la théorie de la réversibilité des mérites - l'homme, fut-il saint, n'en a aucun - et de la communion des saints. Indigné par la prédication d'un dominicain venu « vendre » des indulgences en Saxe, Luther affiche le jour de la Toussaint,en 1517, ses 95 thèses. Les thèmes essentiels sont la dénonciation des fausses assurances données aux fidèles, l'affirmation que Dieu seul peut pardonner, et non pas le Pape, que le seul trésor de l'Eglise réside dans l'Evangile[57].

Autour de cette « querelle de moines », opposant les dominicains et les augustiniens, l'Allemagne se passionne. Rome intervient : le légat Cajetan, général des Frères prêcheurs et humaniste réputé, se heurte à Luther qui rejette l'infaillibilité du pontife et affirme que les sacrements ne peuvent opérer qu'avec la foi du sujet (alors que la tradition leur donne un pouvoir en-soi). La dispute se développe tout au long des années 1519 et 1520. A Leipzig (juillet 1519), Jean Eck, théologien, amène Luther à tirer les conséquences de ses affirmations : rejet de la primauté romaine et de l'autorité des conciles, valeur unique de l'Ecriture comme contenu de la foi (*« sola scriptura »*), inutilité de la tradition dogmatique, inexistence du purgatoire (le salut est total, ou il n'est pas).

---

56 P. CHAUNU, *Op. Cit.*, pp. 471- 472.
57 B. BENNASSAR et J. JACQUART, *Op. Cit.*, p. 95.

La force de Luther vient avant tout de sa conviction intérieure. Elle est appuyée par l'adhésion enthousiaste de beaucoup d'Allemands. Une révolte individuelle mène ainsi à un schisme général.

En effet, l'Allemagne, formait un terrain favorable, par la faiblesse du pouvoir impérial, les ambitions des princes, les tensions sociales qui opposaient paysannerie et petits seigneurs, villes et noblesse, le profond nationalisme, très hostile aux influences italiennes. Sur le plan spirituel, l'Empire n'offrait pas plus d'abus que les autres provinces de la chrétienté, mais les mêmes faiblesses s'y observaient. Le heurt entre les humanistes, désireux de rajeunir l'enseignement universitaire, de répandre le goût des belles-lettres et les tenants de la tradition (spécialement les dominicains) y fut rude. En 1513, Reuchlin avait été condamné sur les instances des Frères prêcheurs de Cologne. Une guerre de pamphlets s'en était suivie et le jeune Ulrich Von Hutten avait violemment attaqué les ordres religieux.

Luther se heurta aux mêmes adversaires et reçut d'emblée l'appui des milieux humanistes (Von Hutten et surtout le neveu de Reuchlin, Melanchthon). Il eut également l'appui des jeunes étudiants de Wittenberg et d'Erfurt, celui des villes en lutte contre leur évêque, comme Nuremberg et Constance, celui de la petite noblesse rhénane, jalouse des richesses de l'Eglise. Aussi Luther peut-il très vite faire connaître ses idées.

Les années 1520 et 1521 sont décisives. La pensée de Luther se précise dans les trois grands traités de 1520 : *la Papauté de Rome* (le Pape n'a aucune autorité divine et est soumis comme tous les fidèles à la Parole), *l'Appel à la noblesse chrétienne de la nation allemande sur l'amendement de l'état chrétien* (il y définit la doctrine du sacerdoce universel, affirme que l'Ecriture est intelligible à tous les croyants et défend le libre examen contre l'autorité ecclésiale, soutient le droit pour tout fidèle d'en appeler au concile), enfin le *Traité de la liberté chrétienne et de la captivité babylonienne de l'Eglise* (Luther y critique les sacrements devenus un moyen d'imposer l'autorité sacerdotale, au passage, il ne garde, comme attesté dans l'Ecriture que le baptême et la Cène et critique la théorie scolastique de la transsubstantiation).

Pendant cette maturation de la pensée du réformateur, la machine répressive se met en branle : la bulle *Exsurge Domine* (15 juin 1520) condamnant 41 propositions de Luther est promulguée : Luther a soixante jours pour se soumettre, sinon c'est l'excommunication, donc la mort[58]. En guise de réaction il brûle publiquement la bulle. Puis le pape publie la bulle

58 P. CHANU,*Op. Cit.*, p. 452.

Decetromanum pontificem (3 janvier 1521) prononçant l'anathème contre lui et ses partisans, démarches auprès du nouvel Empereur, convocation du moine rebelle devant la diète de Worms en avril 1521, comparution de Luther les 17 et 18 avril et affirmation tranquille de sa certitude : « je suis lié par les textes de l'Ecriture que j'ai cités et ma conscience est captive des paroles de Dieu. Révoquer quoi que ce soit je ne le puis, je ne le veux »[59]. Ayant quitté Worms sans être arrêté, Luther est mis au ban de l'Empire, « enlevé » par les hommes de Frédéric de Saxe et caché en sûreté au château de Wartburg. Il y demeure dix mois, écrit de nombreux traités sur la confession, les voeux monastiques et traduit le Nouveau Testament en allemand pour mettre à la portée de tous la Parole divine.

De 1522 à 1526, la vie impose « des choix et des refus » qui vont orienter durablement le mouvement luthérien. En matière religieuse, tout en approfondissant sa doctrine, Luther freine les extrémistes qui tirent des conclusions qu'il condamne. Il lutte contre les prises de positions de son disciple Carlstadt qui avait introduit à Wittenberg des innovations liturgiques, distribué la communion sous les deux espèces, prôné l'iconoclasme. Ce n'est que progressivement que le réformateur se décide à modifier la célébration de la Cène. En matière sociale, au nom même de sa conception de la liberté chrétienne, qui est spirituelle, au nom de la nécessaire soumission aux autorités légitimes, Luther refuse d'appuyer la révolte des chevaliers dirigée par Franz von Sickingen contre les possessions temporelles des évêques rhénans.

Du reste, durant cette période, l'on assiste à la rupture avec les humanistes. La convergence des débuts (primauté de l'Ecriture, dédain pour les rites, dévotions traditionnelles, dogmes trop contraignants, hostilité contre certains ordres religieux) laisse bientôt apparaître des sérieuses divergences doctrinales. Alors que les humanistes croient à la bonté naturelle de l'homme, à la valeur de ses actes positifs, à la possibilité pour lui de coopérer à l'oeuvre divine, Luther affirme la totale impuissance de l'homme pécheur[60].

Luther à ses débuts s'attendait à bénéficier du soutien d'Erasme. Mais celui-ci publie en 1524, le *De libero arbitrio* où il défend la liberté de l'homme (et sa responsabilité) dans la réponse à la Grâce, la valeur de ses oeuvres et l'idée que le péché originel a corrompu mais non pas anéanti la nature humaine. Luther répond brutalement dans le *De servo arbitrio.* Il réaffirme sa position selon laquelle, la liberté du chrétien, c'est de reconnaître sa totale impuissance. La foi est le pur don de la grâce divine.

59 B. BENNASSAR et J. JACQUART, *Op.Cit.*, p. 96.
60 *Idem*, p. 97.

« Les conquêtes luthériennes » sont imposantes et rapides, en dépit de l'opposition impériale. La Saxe électorale et la Hesse adoptent les formules réformées dès 1527, ainsi que de nombreuses villes libres comme Nüremberg, Ulm. Bientôt, la Réforme déborde le cadre du Saint-Empire. Par conviction et par intérêt politique, Gustave Vasa, chef de la révolte suédoise contre le Danemark, adopte les idées luthériennes en 1524 et rompt avec Rome en 1527. Ces succès obligent Luther, quelle que soit son indifférence aux formes institutionnelles, à définir une Eglise, pour satisfaire au besoin naturel des fidèles d'être encadrés, conseillés et de recevoir les sacrements. Convaincu que la véritable Eglise est invisible, le réformateur accepte de laisser les princes et les magistrats prendre en main la mise en forme des Eglises locales, le choix des pasteurs et leur surveillance, les rites liturgiques. Il se contente de leur fournir une confession de foi (*Petit et Grand Catéchismes* de 1529), des conseils pratiques, un matériel liturgique. Ainsi s'explique la fragmentation et la diversité des Eglises.

Précisées peu à peu, au fur et à mesure que se posaient à Luther les problèmes nés de l'affirmation primitive de la justification par la foi, les positions doctrinales du courant réformé sont exposées dans la *Confession d'Augsburg* (1530), dans les derniers écrits de Luther et dans le *Corpus doctrinae christianae de* Melanchton.

L'affirmation de base est maintenue : la foi est pure don gratuit de Dieu, elle est justification totale et entière, elle apporte espérance et charité. La source unique de la foi, le canal par lequel Dieu la donne, est l'Ecriture. Luther en rejette certains textes douteux. C'est par l'assistance de l'Esprit-Saint que tout fidèle interprète l'Ecriture dans le sens que Dieu souhaite. Seule cette conviction intérieure doit être considérée, sans référence aux autorités humaines (Papes, Conciles, Pères de l'Eglise). La vie de la foi s'exprime par l'abandon à Dieu dans la certitude du salut ; par la réception de deux sacrements que Dieu a voulus : le baptême, qui fait entrer dans la communion des croyants (et Luther, après avoir hésité, conserve le baptême des enfants) et la Cène, qui est participation au Christ ; par les œuvres qui ne sont pas des moyens de justification mais une manière de glorifier Dieu ; par un culte qui est aussi action de grâce, fondé sur le chant collectif, la prédication et la communion. Seul Dieu y est honoré, à l'exclusion des saints.

Luther a longtemps cherché une formulation satisfaisante de sa « doctrine eucharistique ». Pour lui, le Cène n'est pas, comme pour l'Eglise romaine, un renouvellement du sacrifice de la Croix. La rédemption a été accomplie une fois pour toute et c'est une offense à Dieu que de penser qu'on reproduit ce sacrifice comme s'il n'avait pas été suffisant.

Formé à l'école du nominalisme, il rejette la théorie scolastique de la transsubstantiation, formulée selon les exigences de la logique aristotélicienne : la substance du pain et du vin est changée par les paroles du prêtre consécrateur en substance du corps et du sang de Jésus-Christ, tandis que les « accidents » physiques, les apparences sensibles du pain et du vin demeurent. Mais Luther, profondément mystique souhaite un contact réel avec le divin, à la différence de ses adversaires zwingliens, qui se contentent d'un symbolisme. Il formule donc la théorie de la *consubstantiation* : dans la Cène, par la volonté du Christ, les substances du corps et du sang coexistent pour le fidèle avec celles du pain et du vin, qui subsistent matériellement (apparences sensibles) et réellement (essences).

Enfin, « l'ecclésiologie » luthérienne est très simple. L'Eglise véritable est invisible, c'est celle des justifiés par la foi. Tous sont égaux devant Dieu. Il n'y a pas de sacerdoce limité à un groupe de fidèles séparés des autres. S'il y a des églises terrestres, elles ne font qu'aider les fidèles. Les pasteurs sont des fonctionnaires ayant reçu une formation spirituelle qui les qualifie pour prêcher et distribuer les sacrements, mais il n'y a pas d'ordre, pas de vœux, pas de célibat obligatoire. De même, Luther rejette la valeur de la vie religieuse régulière et la notion de vœux perpétuels.

Ainsi formulée, la doctrine luthérienne apporte aux fidèles un renouvellement de la conception même de la religion. La confiance du croyant dans son salut est une assurance contre l'angoisse existentielle. La simplicité dogmatique et liturgique, l'emploi de la langue vulgaire, la promotion des laïcs sont autant d'atouts pour l'évangélisme. Mais Luther a déclenché un mouvement de pensée qui le dépasse rapidement. Dès les premières années du mouvement luthérien, d'autres réformateurs sont apparus, qui partent des mêmes prémices mais aboutissent à des formulations très différentes ; c'est le cas d'Ulrich Zwingli (1484-1531) à Zürich en Suisse, de Mathieu Zell à Strasbourg, de Calvin...

Bref, on peut dire que le luthéranisme a codé en langage religieux ce que l'humanisme enseignait ; il a construit une doctrine religieuse originale à partir des idées de son fondateur et des idées en vogue à l'époque. Malgré la divergence dans la conception de l'homme, le luthéranisme reste très lié à l'humanisme. D'autre part, en promulguant ses thèses, Luther est allé à l'encontre de la tradition (qui veut que les dossiers brûlants se traitent entre clercs) et donne le ton à la libre expression de la pensée et donc d'une certaine manière met en route l'éclosion de l'opinion publique dont il se fait le porte-parole.

2.5. La Réforme de Calvin

En mars 1536 paraît à Bâle un gros ouvrage en latin : *Christianae religionis Institutio*, dédié au roi de France. Son auteur : un jeune clerc déjà connu, qui souhaite clarifier les positions réformées et donner aux fidèles une interprétation vraie des Ecritures. En effet, Calvin a fait des études de droit avant de se passionner pour l'Humanisme. Sa première oeuvre est un commentaire de Sénèque (1532) où il cherche les correspondances entre stoïcisme et christianisme. Installé à Paris, familier du collège royal, il adopte les idées réformistes à la suite d'une « conversion subite ».

Calvin est le second nom de la Réforme. En juillet 1936, Jean Calvin fait étape à Genève. Auteur déjà célèbre de *l'Institution chrétienne*, l'une des grandes œuvres théologiques du christianisme, il est retenu par Guillaume Farel pour l'aider à consolider la Réforme et à transformer Genève en une cité vivant selon l'Evangile. Calvin fera la gloire de Genève en l'élevant au rang de « Rome protestante ». Son action fut immense et s'étendit à tous les domaines : religion, culture, politique, économique. Son génie est tel que les magistrats recourent à ses lumières à tout propos. Il rédige pour l'essentiel les édits civils de 1543, qui servent de constitution à la République, tâche à laquelle sa formation de juriste le rend mieux apte que les membres du gouvernement, dont aucun n'a fait d'études universitaires. En 1541, il avait déjà composé les ordonnances ecclésiastiques, lois constitutives de l'Eglise. Ainsi, tant dans le domaine religieux que dans le domaine politique, Calvin fut le législateur de la Genève de l'Ancien régime.

Jusqu'en 1555, Jean Calvin rencontra des adversaires farouches. Il ne s'agit pas de catholiques, car il n'y en a plus ou encore ils se cachent. Ce sont plutôt des familles notables qui avaient été parmi les premières à se servir et les plus empressées à accueillir le réformateur. Elles le rejetteront peu à peu.

Leur animosité provient d'abord de la place que Calvin fixe à l'Eglise et à ses représentants, les pasteurs. Alors que dans les autres cantons gagnés par la Réforme, l'Eglise entre dans la dépendance de l'Etat, Calvin veut instituer un équilibre entre le pouvoir ecclésiastique et le pouvoir politique.

En outre, il lutte pour une discipline de vie sévère en associant moralité et religion. Les mœurs doivent être surveillés de près, le luxe réprimé. Un tribunal, le consistoire, comprenant des pasteurs et des laïcs, est chargé de punir les infractions.

Bref, Calvin, contrairement à Luther, s'intéresse de près à la diffusion de la Réforme dans le monde séculier. A Genève, il s'efforce d'établir politiquement et socialement une « véritable théocratie », pleine d'originalité, créatrice d'un certain type de civilisation, mais aussi très juridique et très autoritaire. C'est un peu ce que l'on retrouve aujourd'hui dans certains pays musulmans, où il n'y a pratiquement pas de frontière entre religion et politique.

Calvin est parti de la nécessité de donner à la Réforme un corps de doctrine logique, tirant toutes les conclusions des premières affirmations fondamentales de Luther : l'impuissance de l'homme, la gratuité du salut, le primat absolu de la foi. Son oeuvre qui intègre les différents courants antérieurs, frappe par sa clarté didactique, la rigueur du raisonnement, la solidité des références scripturaires. La base de tout l'édifice est l'opposition de « la transcendance divine » et de la « malignité humaine ». Le Dieu de Calvin est vraiment le Tout-puissant, l'inconnaissable (Calvin reste à ce niveau occamien), dont on ne peut discuter les volontés. Pour Luther, la volonté humaine ne pouvait que faire le mal, pour Calvin, elle ne veut que le mal et sa responsabilité est entière. La raison humaine elle aussi, est « pervertie », elle est incapable de « tenir le droit chemin pour chercher la Vérité ». La grâce est un don gratuit.

« Dieu nous parle par l'Ecriture ». Comme pour tous les Réformés, Calvin pose la primauté de l'Ecriture qui contient tout ce que Dieu veut nous faire connaître. Mais il accorde une importance particulière à l'Ancien Testament et rejette toutes les traditions humaines.

« Dieu nous justifie par sa grâce ». Pour Calvin comme pour Luther, la foi est un pur don de Dieu, elle est fondée sur le sacrifice parfait du Christ, dont la Résurrection est témoignage de vérité. Le salut reste gratuit, car notre nature demeure irrémédiablement encline au péché, même après l'infusion de la grâce. Dieu prédestine au salut sans que nous puissions avoir aucune certitude, ni aucune curiosité.

« Dieu nous aide par son Eglise ». La véritable Eglise, connue seulement de Dieu, est celle des rachetés, mais l'Eglise terrestre a été instituée pour consoler les fidèles. Prières, culte, sacrements sont autant de moyens de rendre grâce, d'adorer la toute-puissance divine, de manifester notre confiant abandon, de mieux vivre de la vie de la foi.

S'il n'y a pas de sacerdoce au sens catholique du terme, il y a des ministères, dons de l'Esprit-Saint. Calvin en distingue quatre : ministère de la Parole et des sacrements (pasteurs, élus par leurs semblables, approuvés par le Magistrat et la communauté), ministère doctrinal (docteurs formés à cet effet, qui précisent l'interprétation de l'Ecriture), ministère de la charité (diacres qui doivent « recevoir, dispenser et conserver le bien des pauvres, soigner et panser les malades, administrer la pitance des pauvres »), ministère de la correction (anciens formant avec les pasteurs le Consistoire, qui veille sur la vie des fidèles, les admoneste et les punit).

« Les sacrements » sont institués par Dieu pour donner au fidèle la force de persévérer dans la foi et la confiance dans leur élection, déjà manifestée par le don de celle-ci. Ils sont autre chose qu'une simple commémoration (Calvin est ici plus proche de Luther), mais ils n'agissent que si la foi est présente au cœur du fidèle (à l'inverse de la doctrine catholique, pour laquelle ils opèrent par leur propre force, « ex opere operato »). Calvin ne retient que deux sacrements, le baptême, qui « nous a été donné de Dieu, premièrement pour servir à notre foi envers lui, secondement pour servir à notre confession envers les hommes », et la Cène, qui nous est donnée comme aliment spirituel, de même que le Père nous donne les biens matériels nécessaires au corps.

La position de Calvin sur le problème central de l'Eucharistie qui avait profondément opposé les disciples de Luther et de ceux de Zwingli est originale. Comme Zwingli, il répugne à l'ubiquité matérielle du corps du Christ : assis à la droite du Père, il ne peut être présent localement dans le pain et le vin. Mais à l'instar de Luther, il accepte comme vérité la formule évangélique : « ceci est mon corps, ceci est mon sang ». Dans la cène, « nous sommes faits participants de la propre substance du corps et du sang de Jésus-Christ », mais cette participation est purement spirituelle, les espèces du pain et du vin ayant pour rôle de « signer et confirmer cette promesse par laquelle Jésus-Christ nous dit que sa chair est vraiment viande et son sang breuvage desquels nous sommes repus à la vie éternelle ». Cette communion, par le mystère de l'Esprit-Saint, permet au fidèle de recevoir réellement, non pas le corps au sens matériel, mais la nature humaine du Christ, avec sa force et ses dons surnaturels qui se substituent à notre débilité.

Présence spirituelle, dont on se souviendra que pour les hommes du XVIème siècle, elle est infiniment plus « réelle » que la matérialité des accidents. Calvin dépasse ainsi la dispute entre Rome, les luthériens et les sacramentaires, qui s'attachaient aux éléments matériels du sacrement, pour ne considérer que de la communion établie entre le Christ et le fidèle par la réception de la Cène. Il recommande de recevoir souvent cette nourriture de l'âme, sans se soucier d'une indignité qui est la condition même de l'homme, avec confiance et désir de vivre mieux. Seule l'Eglise peut décider d'interdire l'accès du sacrement aux fidèles.

La doctrine de Calvin sera suivie par quelque mouvement d'obédience catholique, en l'occurrence le Jansénisme. Bien que faisant partie de la réforme catholique (française), le Jansénisme enseigne que l'homme est totalement déchu par suite du péché originel, il tend vers le mal de façon naturelle. Les jansénistes exigent de leurs pénitents, une contribution parfaite pour leur donner absolution. On retrouve ici, l'idéal d'intransigeance de Calvin dans la pratique de la foi.

2. 6. La Réforme, fille de l'imprimé

Avant l'imprimerie, la Réforme n'eut été qu'un schisme. L'imprimerie a fait d'elle une révolution. Que ce soit fatal ou providentiel, Gutenberg est le précurseur de Luther. L'imprimerie a favorisé l'expansion et l'ancrage du message des Réformateurs au sein de la population. Selon, Henri Jean Martin, l'imprimerie, comme tous les médias, a favorisé par son dynamisme interne, l'essor de la Réforme, qui amenait les lettrés à commenter, devant des cercles d'illettrés, « l'écrit », source de vérité et suscita encore, en sa phase conquérante, l'affiche, la caricature et le pamphlet - ces armes primitives de la publicité moderne. L'affiche et le placard imprimés ont servi à donner les informations concernant l'actualité. C'est bien souvent grâce à eux que le public est informé de l'action des Réformateurs, des controverses qu'ils soutiennent, des progrès de l'hérésie, des mesures prises pour la combattre[61].

Luther a compris très tôt l'importance de ce nouvel instrument de communication pour faire connaître ses idées. Pour Frédéric Barbier, ce sont les Réformateurs luthériens qui, à partir de 1517, sont le plus attachés à la propagation de l'imprimé – parce qu'il assure le succès de la Réforme.

Enraciné dans les hérésies médiévales et dans l'humanisme chrétien, le mouvement réformateur s'étend rapidement en Europe. L'imprimerie favorise la diffusion des principaux écrits de ses animateurs ; la Réforme, née de l'espace germanophone, ne s'arrête pas aux frontières linguistiques. Au début de la seconde moitié du XVIème siècle, l'unité de la

61 L. FEBVRE et H- J. MARTIN, *Op. Cit.*, p. 404.

chrétienté occidentale est durablement brisée : la paix d'Augsbourg (1555) marque l'acceptation de la division confessionnelle de l'Empire germanique. L'Anglicanisme triomphe outre-Manche à partir de 1558, et le presbytérianisme en Ecosse en 1560. En France, la présence d'une minorité active de protestants conduit aux « guerres de religions » (1562-1598). Ce pluralisme conflictuel des religions constitue un élément déterminant de la modernité occidentale.

L'imprimerie a été un préalable à l'érudition et à la science moderne. On peut citer : les domaines de la publication des documents, la standardisation des textes, la réorganisation des textes et des ouvrages de référence, le changement dans le processus de collecte et de diffusion des informations, la révolution dans la conservation des données, la persistance des stéréotypes et des divisions sociolinguistiques,...

Avec la publication de la Bible en langue vulgaire, chaque individu peut s'occuper de son salut en lisant les écritures. Désormais le curé ne joue plus le rôle central pour ce qui concerne le salut individuel. Toute personne peut, s'il le désire, lire et approfondir sa connaissance de la Bible. Celle-ci n'est plus, grâce à l'imprimerie, la propriété de l'Eglise. Ceux qui souhaitent peuvent se la procurer. L'explication de la Bible par quelqu'un d'autre, fut-il prêtre, n'est plus indispensable. D'où le développement des églises domestiques, les membres d'une même famille se retrouvent pour lire, partager, méditer la Bible et prier ensemble. On assiste pour ainsi dire à l'affaiblissement de l'autorité de l'Eglise instituée, qui n'arrive plus à contrôler, canaliser, encadrer et jouer le rôle de « garante » universelle de la foi. Chaque individu se fait son opinion.

La « Sola fide », proclamée par Luther, répond mieux à l'individualisme qui caractérise l'homme dans sa recherche de salut. Elle répond également à l'exigence même de l'imprimé qui, selon Mc Luhan, a créé l'individualisme. Avec l'imprimerie et la Réforme, l'homme expérimente la « religion individualiste ». Le salut devient une affaire strictement privée. On retrouve ici les prémisses d'un *laïcat* engagé qui aboutit à la Révolution française à faire de la religion une affaire privée, avec la proclamation de la loi de 1905.

En mettant la Bible à la disposition de tous indistinctement, la Réforme instaure une distance entre l'Eglise et les fidèles ou encore entre l'Eglise et les chercheurs de spiritualité. En effet, de nombreux croyants reconnaissent dans les livres de l'Ancien et du Nouveau Testament une parole qui fait autorité pour comprendre qui est Dieu, quel est le sens de la vie humaine, quelle est la place de l'homme et de la femme dans le monde, quelle est la finalité de l'histoire. Avec l'imprimerie et la Réforme, la trilogie Dieu - Eglise – Homme devient, Dieu- Bible – Homme.

On peut dire que l'imprimerie et la Réforme sont à la base du principe de « la liberté de conscience » votée en France en 1801 et tardivement reconnue par l'Eglise catholique en 1965. Avec la Bible, la vérité est à la portée de tous.

Pour clore ce point, disons que la Réforme et la Renaissance sont tout entières filles de l'imprimé. Grâce à l'imprimerie, Luther fut à même de marquer la mentalité européenne d'une empreinte précise, uniforme et indélébile. Pour la première fois dans l'histoire des hommes, un vaste public de lecteurs a pu juger de la validité d'idées révolutionnaires grâce à un mode de communication s'adressant à la masse qui utilisait les langues vernaculaires[62].

Selon Mc Luhan, c'est l'imprimé, forme intense d'expression publique, et son uniformité précise et répétée, qui donnent tant au livre qu'à la presse leur caractère spécial de confessionnal public. Comme le fait remarquer Elisabeth Eisenstein, « l'imprimerie a révolutionné au XVI ème siècle le travail scientifique et le rapport à la religion »[63].

Si la Réforme a profité de l'imprimerie pour s'étendre et s'incruster dans l'opinion, la Contre-Réforme, elle non plus ne s'est pas fait sans elle.

2. 7. La Contre-Réforme catholique

L'Eglise catholique romaine ne prit que lentement conscience de l'ampleur du mouvement de contestation qui l'atteignait. Elle crut d'abord que Luther, comme Savonarole, Huss ou Wycliff, n'aurait qu'une postérité limitée. Elle put espérer que la répression d'Etat ou les tentatives de rapprochement réussiraient à circonscrire l'hérésie et à l'absorber[64].

Les premières réactions ont lieu en ordre dispersé, aussi bien sous leur aspect répressif que dans leur aspect constructif.Tandis que Rome condamnait Luther, après l'avoir cité à comparaître, les universités étaient entraînées dans le conflit. Les facultés de théologie, gardiennes de l'orthodoxie, examinaient soigneusement les thèses réformées. Certaines, pénétrées par les influences humanistes, hésitaient à condamner. Mais la plus célèbre, malgré

62 R. DEBRAY, *Cours de médiologie générale*, édit., Gallimard, Paris, 1991, p. 369.
63 E. EISENSTEIN, *Op. Cit.*, p. 4.
64 B. BENNASSAR et J. JACQUART, *Idem*, p. 111.

sa décadence, la Sorbonne, prit la tête des attaquants, confondant dans les mêmes décrets les écrits de Luther, de Lefebvre d'Etaples, d'Erasme, plus tard de Marguerite d'Angoulême. Un peu partout, les évêques citaient les « mal sentants » de la foi devant leurs tribunaux. Mais ils furent bientôt débordés, sauf en Espagne où « l'Inquisition » était parfaitement organisée.

Après la mort des grands prélats érasmiens, Fonseca (1534), évêque de Tolède, et Manrique, archevêque de Séville (1536), la répression, soutenue par le souverain, est violente. Elle frappe aussi bien les humanistes chrétiens que les rares luthériens de la péninsule. Dès 1540, le protestantisme est affaibli.

Ce succès inspira le cardinal Carafa[65], conseiller de Paul III, de mettre en place des méthodes fortes de répression. En 1542, « l'Inquisition romaine » est établie. On la confie aux dominicains (qui avaient été les premiers adversaires de Luther), on l'impose aux Etats italiens et, avec plus de peine, à toute la chrétienté. La nouvelle institution fut particulièrement efficace en Italie[66].

Comme en Espagne, elle poursuit tous ceux qui, venus de l'humanisme philologique et critique, étaient attirés par les idées de Luther ou de Zwingli : le vicaire général des augustins, Pierre Vermigli, un prédicateur capucin et tant d'autres. Ils quittèrent la péninsule pour errer à travers l'Europe, évoluant doctrinalement vers Calvin ou même vers l'antitrinitarisme plus ou moins mêlé de mysticisme.

Mais la répression de l'hérésie est aussi le fait des princes, qui y voient une menace pour l'unité nationale et pour leur pouvoir. François Ier, Charles Quint, Henri VIII, avant et même après le schisme, avec plus ou moins de continuité, mènent la lutte contre les « luthériens » et plus encore, contre les anabaptistes, coupables de tous les crimes.

L'Eglise catholique réagit aussi au développement de l'hérésie sur le plan religieux. D'abord par *une œuvre réformatrice* qui continue les efforts dispersés du début du siècle et qui tend à faire disparaître certains des abus les plus criants. Les prélats gagnés à l'érasmisme, en Espagne, en France, en Italie tentent des mesures disciplinaires et pastorales. L'humanisme chrétien s'installe même sur le trône pontifical avec l'élection en 1522 d'Adrien VI. Originaire des Pays-Bas, ami d'Erasme, ancien précepteur de Charles Quint, le nouveau pontife entreprend la réforme du clergé de la ville éternelle, mais se heurte à la xénophobie de

---

65 Futur PAUL IV, il a fondé la congrégation des théatins en vue de réformer les mœurs ecclésiastiques en 1524.
66 B. BENNASSAR et J. JACQUART, *Op. Cit.*, pp. 111-112.

la Curie. Paul III (1534-1549) créa une commission de réforme composée d'érasmiens et prit le décret de convocation du Concile.

A ces efforts timides de réforme s'ajoutent les tentatives de réconciliation, encouragées par l'empereur, désireux de rétablir la paix civile dans le Saint-Empire et prêt à faire un certain nombre de concessions aux luthériens. La plus importante rencontre entre théologiens catholiques et protestants se déroula en marge de la diète de Ratisbonne (février-juillet 1541). On s'accorda sur la double justification (au salut par la foi s'ajoute la validité des œuvres inspirées par la grâce), sur la communion sous les deux espèces, sur le mariage éventuel des prêtres. Mais les protestants refusèrent la primauté romaine et la transsubstantiation, les catholiques maintinrent les sept sacrements de la tradition et les légats insistèrent pour que le compromis soit soumis au futur Concile. Calvin s'indigna des concessions de Melanchton et Luther fut satisfait de l'échec final.

A la Réforme catholique, il fallait une doctrine, des instruments, une direction. Ces éléments sont mis en place entre 1530 et 1565. A côté d'ordres nouveaux, comme les théatins, les barnabites, ou des congrégations anciennes ramenées à la stricte observance, comme les capucins (franciscains), l'instrument essentiel de la Contre-Réforme fut l'Ordre des jésuites, créé par Ignace de Loyola (1491-1556) et approuvé en 1540 par la bulle *Regiminis militanti ecclesiae*. Soldat courageux, éloigné du métier des armes par une grave blessure en 1521, Ignace de Loyola se tourne vers le mysticisme, il étudie à Alcala puis à Paris, au collège de Montaigu et au collège Sainte Barbe (il s'y trouvait en même temps que Calvin).

Quelques compagnons approuvent ses projets et sa spiritualité, mise en forme vers 1526 dans les « Exercices spirituels ». En 1534, avec François Xavier, Diego Lainez, Pierre Lefebvre, il fait voeu de se consacrer au salut des âmes, de vivre régulièrement et de servir le Pape. N'ayant pu gagner Jérusalem, Ignace et ses compagnons se rendent à Rome, avec l'appui du cardinal Carafa, inspirateur de la réaction contre la Réforme. Malgré la méfiance des milieux romains à l'égard des laïcs qui l'accompagnent, les projets prennent corps. Ordonnés, protégés par les membres de la Curie, ils rédigent les constitutions approuvées en 1540.

La Compagnie de Jésus voit le jour pendant une période de profondes transformations en Europe : celle de la Renaissance, de la découverte de terres nouvelles et de la Réforme. Ces bouleversements ébranlent les conceptions traditionnelles de l'Eglise catholique romaine et exerce une grande influence sur la naissance de la nouvelle congrégation.

Le protestantisme s'étend dans toute l'Europe : le luthéranisme gagne rapidement le nord et le centre de l'Allemagne et l'Europe du Nord, puis le calvinisme l'ouest et le sud de l'Allemagne, l'Angleterre et la France. Ce mouvement menace directement l'Eglise romaine, puisque presque la moitié de l'Europe abandonne le catholicisme. Pour sauvegarder l'autorité de la papauté, des militants provoquent, au sein de l'Eglise catholique une seconde Réforme qui prend le contre-pied de la Réforme protestante que l'on appellera Réforme catholique ou Contre-réforme.

Dans ce contexte, la Compagnie de Jésus devient la force principale de ce dernier mouvement[67]. La nouvelle congrégation présente des caractères originaux. Ses membres soigneusement sélectionnés, soigneusement formés à la théologie et la prédication, devaient accepter une soumission totale au supérieur de l'ordre, le général, élu à vie. Aux voeux monastiques traditionnels, ils ajoutent un voeu spécial d'obéissance au Pape. Une hiérarchie et une discipline militaire faisaient de la Compagnie un instrument parfait au service de l'Eglise et de son chef. Dès 1541, les premiers jésuites étaient présents aux premières lignes pour engager le combat avec les Réformés.

Dans leur offensive contre les mouvements réformés, ils ont eu à affronter le jansénisme tout au long du XVII ème siècle. Les deux organisations se sont vivement opposées ; les jésuites croient au *libre- arbitre* alors que les jansénistes sont fatalistes et pensent que tout est écrit à l'avance.

Pour définir la foi et rétablir l'ordre dans l'Eglise, Paul III convoque le Concile de Trente en 1542. Ce concile s'ouvre le 13 décembre 1545 avec la participation de 24 prélats, dont 12 Italiens et 5 Espagnols. Transféré en 1547 à Bologne, suspendu en 1549, le Concile siège de nouveau pendant quelques mois en 1551-1552, puis du 15 janvier 1562 à décembre 1563. Le vote global des canons discutés eut lieu devant 255 Pères et les décrets furent approuvés par Pie IV le 24 janvier 1564.

Le travail du concile préparé par des commissions fut soigneusement contrôlé par les légats pontificaux et les consulteurs désignés par le Pape (en majorité des jésuites). Rome

---

67 L. SHENWEN, *Stratégies missionnaires des jésuites français. En Nouvelle- France et en Chine au XVII ème siècle*, édit., l'Harmattan, Paris, 2001.

souhaitait avant tout renforcer son magistère, éviter tout retour à la doctrine de la supériorité conciliaire, définir sans équivoque la foi catholique. Les protestants furent invités, pour complaire au désir impérial, mais se virent simplement proposer l'acceptation sans discussion des canons approuvés. La papauté dut cependant admettre, contrairement à ses désirs, que le concile s'occupe également de la discipline et de la pastorale, parallèlement aux définitions dogmatiques.

Le concile de Trente a fixé le contenu de la foi catholique jusqu'à Vatican II. Comme l'affirment Jean Delumeau et Monique Cottret, le concile de Trente a créé une coupure dans l'histoire de la confession catholique et séparé deux époques dont la seconde ne s'est terminée qu'avec Vatican II[68]. Les Pères avaient suivi le plan de la confession d'Augsbourg pour la réfuter et réaffirmer, point par point la doctrine traditionnelle. L'homme, dans l'état de péché, voit sa nature corrompue par la faute d'Adam, mais s'il est « diminué ou incliné au mal », il conserve son libre arbitre et son aspiration au bien. Ainsi, même les païens, grâce aux lumières naturelles, peuvent accomplir des actes bons, affirmation antinomique de celles des réformés sur l'irrémédiable déchéance de l'homme seul. La foi est fondée sur l'Ecriture (et le concile maintient la composition canonique de la Bible et la valeur inspirée de la Vulgate) mais celle-ci est expliquée et complétée par la tradition de l'Eglise telle qu'elle s'exprime par les écrits des Pères, les canons des conciles oecuméniques, le consentement de l'Eglise établie et le magistère romain. Le décret sur la justification exigea trois versions préparées en 44 congrégations particulières et 61 congrégations générales. Il s'agissait en effet du problème central ou comme le dit Jean Delumeau et Monique Cottret, du problème le plus débattu au XVIème siècle suivi du péché originel.

Dieu ne nous justifie pas en nous imputant les mérites du Christ, comme l'affirmait Luther, mais il nous rend vraiment justes en nous transformant intérieurement par l'action de la grâce. Celle-ci est préparée par notre aspiration vers Dieu, elle est donnée suffisamment pour écarter le péché et pour nourrir les oeuvres qu'elle inspire et qui contribuent au salut. La liberté de l'homme est entière face à la grâce. Celle-ci est alimentée dans l'âme du fidèle par les sept sacrements, tous d'institution divine et qui agissent en soi. La messe est vraiment un sacrifice qui renouvelle celui de la Croix, en même temps qu'une action de grâces.

La doctrine scolastique de l'Eucharistie est réaffirmée avec force : présence réelle, « conversion de toute la substance du pain au corps du Christ, et de toute la substance du vin

68 J. DELUMEAU et M. COTTRET, *Le catholicisme. Entre Luther et Voltaire* (coll. L'histoire et ses problèmes), PUF, Paris, 1971, pp. 67- 68.

au sang, qui ne laisse subsister que les apparences du pain et du vin ». Corps du sauveur, le Saint-Sacrement doit recevoir les honneurs dus à Dieu. Enfin, l'ecclésiologie traditionnelle est maintenue : l'Eglise est l'instrument voulu par Dieu, elle est une, sainte, universelle et apostolique, et seule l'Eglise de Rome répond à ces caractères. Inspirée par l'Esprit-Saint, l'Eglise romaine n'a jamais erré dans la foi. Cette immense construction dogmatique se trouve résumée dans la profession de foi de Pie IV et dans le *Catéchisme* du concile de Trente publié en 1566. Elle ne fait aucune concession aux idées défendues par les courants réformés. Elle fige les positions des deux camps pour trois siècles.

Le Concile rappelle l'institution divine de l'épiscopat : les évêques sont successeurs des Apôtres comme le Pape, de Pierre. Il définit les conditions d'accès (âge, prêtrise, institution canonique), les devoirs (non cumul, résidence, tenue de synodes réguliers, visite du diocèse tous les deux ans, prédication, examen sérieux des candidats au sacerdoce). On s'efforce aussi d'assurer à l'évêque une autorité suffisante pour remplir sa mission. Le concile limite les exemptions dont jouissaient les réguliers, abaisse les prétentions des chapitres, interdit certains appels à Rome comme abusifs. Les clercs pourvus d'un bénéfice à charge d'âmes se voient rappeler aussi leurs obligations : résidence, obligation de prêcher, de catéchiser, interdiction de faire payer les sacrements, nécessité d'une vie austère symbolisée par le vêtement et la tonsure. Le recrutement sacerdotal est soumis à des conditions d'âge, de science, d'indépendance matérielle. Le concile se préoccupe de la formation en demandant à tout évêque de créer un séminaire diocésain.

L'autorité est restituée à l'épiscopat afin qu'il puisse reprendre en main un clergé souvent défaillant. D'où l'obligation faite à l'évêque de visiter chaque année les paroisses de son diocèse et d'y vérifier la résidence des curés. Interdiction est désormais faite à ceux-ci de s'absenter sans la permission de l'Ordinaire – une permission qui, sauf raison grave, ne pourra excéder deux mois par an. Le pasteur qui s'absente devra en outre se faire remplacer par un vicaire rémunéré par lui et approuvé par l'évêque. La hiérarchie frappera de suspens, voire de privation d'office et de bénéfice, tout clerc qui ne portera pas le costume clérical. Elle veillera à l'honnêteté de vie des hommes d'Eglise qui devront éviter les écarts, même légers, et « ne présenter , dans le vêtement, l'attitude, la démarche, le discours et en toute autre chose, rien qui ne soit grave, modeste et plein de religion »[69].

69 J. DELUMEAU et M. COTTRET, *Op. Cit.*, p. 87.

Le prêtre ayant charge d'âmes, qualifié désormais du titre de curé à la fin du Moyen-Âge, est responsable des âmes qui lui sont confiées ; il doit pouvoir les guider sur le chemin de la foi, expliquer les obscurités de celle-ci, être un modèle vivant pour les fidèles.

Les prêtres doivent avoir la science c'est-à-dire, lire bien et distinctement et comprendre la grammaire. Ils doivent savoir le nombre de sacrements, leur forme, leur matière, leur mode d'administration. Ils doivent savoir discerner entre péché capital et péché véniel. Ils doivent pouvoir expliquer les rudiments de la foi, qui peuvent être réduits à cinq points : ce qu'il y a à croire, à demander, à faire, à fuir, à espérer. Selon Nicole Lemaître, « c'est la Contre-Réforme qui a organisé la formation systématique du clergé au moyen des séminaires ».

Rappelons que depuis le IIIème concile de Latran au moins (1179), il est en effet prévu que chaque cathédrale possédera un maître chargé d'enseigner gratuitement les clercs de l'église et les écoliers. Le nom même de clerc, celui qui sait, renvoie à une constante, la nécessité pour les communautés chrétiennes d'être guidées par des ministres éduqués.

2. 8. L'Eglise catholique et l'imprimerie

Par rapport à la Réforme, l'imprimerie a contribué à rompre l'unité au sein de l'Eglise catholique ; mais elle a également permis l'unité du culte.

L'avènement de l'imprimerie a été une condition préalable importante de la Réforme protestante dans son ensemble ; car sans l'imprimerie, le mouvement déclenché par Luther et ses partisans n'auraient pas connu une telle ampleur.

L'établissement durable d'Eglises antipapistes et la propagation continue de confessions hétérodoxes eurent d'énormes conséquences pour la civilisation occidentale. Mais la portée de l'imprimé sur la chrétienté occidentale ne se limita nullement à l'affirmation des dissidences et à la perpétuation de l'hétérodoxie. Les croyances et les institutions orthodoxes en furent également affectées.

En fait, l'accueil enthousiaste que l'Eglise catholique réserva à l'imprimerie tient de l'ironie du sort. Saluée de tout côté comme un « art pacifique », l'invention de Gutenberg a probablement contribué à détruire la concorde chrétienne et à enflammer les conflits religieux bien davantage que ne le firent jamais les arts de la guerre[70]. Certes, la composition et l'impression de textes dans les officines étaient une activité pacifique assurée par de paisibles artisans citadins. Cependant elles amenèrent au jour maintes questions épineuses.

Toutefois, l'avènement de l'imprimerie a eu aussi des influences positives dans certains domaines comme : la liturgie, le renouveau théologique, la piété, l'apostolat de la plume, la place de la Bible, la propagande, l'Index…

L'invention de la presse à imprimer permit, pour la première fois dans l'histoire du christianisme, de faire prévaloir une uniformité du culte. Jusque-là, les textes liturgiques ne pouvaient être produits qu'en manuscrits, et les variations locales étaient inévitablement admises et à vrai dire tolérées. Mais, les éditions imprimées présentent des textes et des rubriques uniformes. Etant donné que le latin était conservé comme véhicule du culte dans tous les pays occidentaux d'obédience catholique romaine, les mêmes textes pouvaient être récités et les mêmes cérémonies célébrées d'une façon semblable dans tout le monde catholique. Cela fit obstacle à toute création, adaptation ou transformation spontanée de la liturgie. Grâce à l'imprimerie, la liturgie catholique fut pour la première fois standardisée et fixée dans un moule plus ou moins permanent, et qui allait perdurer pendant quatre siècles.

La liturgie ne fut pas le seul domaine dans lequel l'imprimerie permit aux hommes d'Eglise d'atteindre de très anciens objectifs. Il faut dire que les traditions religieuses avaient déjà été affectées par l'avènement de l'imprimerie longtemps avant Luther. Du fait d'être fixées dans un nouveau format et présentées de façon neuve, inévitablement les conceptions orthodoxes se transformèrent. Les doctrines de saint Thomas d'Aquin (1225-1274), pour ne citer que cet exemple, revécurent après leur parution sous forme imprimée.

En effet, Thomas d'Aquin a mis la philosophie au service de la pensée théologique et particulièrement la philosophie d'Aristote, mais en la dépassant là où elle était historiquement conditionnée. Sa pensée reste l'œuvre maîtresse de la pensée théologique. Dans l'Eglise, on l'appelle le docteur commun. Avec un grand respect de la tradition et un grand courage intellectuel, il a cherché la clarté, la mise en ordre des idées, la réduction des problèmes particuliers aux premiers principes. Il a réussi à unir la raison et la Révélation, la nature et la grâce, le monde et l'Eglise. Son œuvre de référence reste la *Somme théologique*.

---

70 E. EISENSTEIN, *Op. Cit.*, p. 193.

Grâce à l'imprimerie, le thomisme connut un renouveau et s'acquit l'approbation officielle lors du concile de Trente. Au XIII ème siècle, l'adoption de la cosmologie aristotélicienne avait suscité des difficultés dans les facultés de théologie. La répudiation de cette même cosmologie devait susciter encore plus de difficultés une fois la synthèse scolastique fixée dans un moule plus permanent.

Comme la scolastique, le mysticisme se transforma. Les formes méditatives de l'oraison mentale furent codifiées dans des manuels faisant l'objet d'éditions uniformes ; c'est le cas des *Méditations et prières* de saint Anselme de Cantorbéry. Les efforts pour susciter la piété chez les laïcs, précédemment caractéristiques de mouvements locaux, telle la « devotio moderna » des pays du nord, se répandirent beaucoup plus largement.

Le rôle de confesseur et le sacrement de la confession se heurtèrent à davantage d'obstacles qu'au temps où intervenaient moins de livres entre le pécheur et le prêtre. L'édition de manuels destinés au clergé, qui classaient les catégories de péchés et donnaient la nomenclature des pénitences et des absolutions fit apparaître les complexités et les contradictions des doctrines orthodoxes, posant ainsi des problèmes apparemment insolubles à qui n'était pas ferré en casuistique.

Les sermonnaires[71] subirent également une sérieuse transformation. De pédants manuels destinés aux prédicateurs codifièrent avec rigidité l'éloquence sacrée.

C'est l'époque où Daniel Foe, journaliste anglais, écrit dans son ouvrage *The Storm* (1704) que « prononcer des sermons, c'est s'adresser à un petit nombre d'humains, imprimer des livres, c'est parler au monde entier ». Du coup l'attention se focalise sur le scribe. On fait son éloge et on loue l'apostolat par la plume[72].En effet, la notion d'un « apostolat de la plume » est indicative de la haute valeur attribuée au mot écrit en tant que moyen d'accomplir en ce monde la mission de l'Eglise. Elle contribue à expliquer l'accueil enthousiaste réservé à la presse à imprimer par l'Eglise catholique romaine du XVème siècle. Certains, comme le cardinal Nicolas de Cuse, vont jusqu'à considérer l'imprimerie comme un « art divin »[73].

En parlant de l'apostolat de la plume, nous pouvons évoquer l'exemple de St. François de Sales : né en 1567 au château de Sales, près de Thorens (Haute Savoie) d'une famille de noblesse rurale ; il est envoyé à Paris pour faire ses études de droit. Il en profite pour suivre

71 Recueils des sermons.
72 E. EISENSNTEIN, *Op. Cit.*, pp. 191- 192.
73E. EISENSNTEIN, *Idem*, p. 193.

des cours de théologie. Licencié en droit, il poursuit sa formation à Padoue, où il passe brillamment son doctorat. Il s'inscrit au barreau de Chambéry comme avocat. C'est l'époque où l'Eglise romaine, face au protestantisme et à la doctrine de la prédestination, reprend courage et se lance dans le grand mouvement de la Contre-Réforme. Après une crise religieuse personnelle, il décide de devenir prêtre et renonce à tous ses titres de noblesse, ainsi qu'à sa nomination comme sénateur du duché de Savoie.

Mgr Granier, l'évêque de Genève, réfugié à Annecy, lui confie l'évangélisation du Chablais, presque entièrement passé au calvinisme. François se rend à la forteresse des Allinges qui domine Thonon, et se lance avec ardeur dans la prédication. Il parcourt tout le territoire, à cheval, à pied dans la neige, parfois cerné par les loups…

Il entreprend d'écrire des lettres personnelles aux gens qu'il peut atteindre. Il fait appel à l'imprimerie pour éditer des petits textes – ancêtres de nos tracts d'aujourd'hui - qu'il placarde dans les endroits publics et distribue sous les portes. Ces publications périodiques imprimés sont considérées comme le premier « journal » catholique du monde, et c'est pourquoi François de Sales est le patron des journalistes. Furent ainsi publiées les *Méditations,* les *Epîtres à Messieurs de Thonon,* et les *Controverses.* Et pour toucher les illettrés, il se met à prêcher sur les places, au milieu des marchés.

Après des mois d'insuccès, et soutenu enfin par le Duc de Savoie, sa mission devient alors un succès et en deux ans le Chablais redevient catholique. Devenu évêque, il compose et publie divers ouvrages de spiritualité pour les laïcs, dont la célèbre *Introduction à la vie dévote.* Il entretient une importante correspondance de direction spirituelle. De son expérience sortira le *Traité de l'Amour de Dieu.* La profondeur de ses œuvres spirituelles, l'impact énorme qu'ils eurent sur les chrétiens de son temps et jusqu'à nos jours, l'ont fait déclarer « docteur de l'Eglise ».

Revenons à l'imprimerie pour dire que si l'on considère uniquement la dissémination des livres et des opuscules, l'on est fondé à dire que la nouvelle technique fut exploitée de façon assez semblable par les protestants et les catholiques. Sur ce point il convient de souligner que le concile de Trente avait déterminé le cadre dans lequel s'exercerait l'imprimerie. Ainsi, on peut signaler le refus d'autoriser de nouvelles éditions de la Bible, l'affirmation de la sujétion des laïcs à l'Eglise et l'imposition des restrictions à leurs lectures, la mise en oeuvre de nouveaux instruments tels que l'« Index » et l'« Imprimatur » pour canaliser le flot des textes dans des voies rigidement prescrites par la papauté.

Les décisions du concile de Trente inauguraient en fait une série d'actions d'arrière-garde destinées à contenir les nouvelles forces déclenchées par l'invention de Gutenberg. La longue guerre entre l'Eglise catholique romaine et la presse à imprimer devait se poursuivre pendant quatre siècles, et elle n'a pas encore entièrement cessé. Le *Syllabus* ou *Recueil des principales erreurs de notre temps,* publié par Pie IX en 1864, montrait à quel point était faible la marge de manoeuvre encore au milieu du XIXème siècle.

Etant donné l'existence de firmes d'imprimerie échappant à l'emprise de Rome, la « censure » catholique eut des effets en retour imprévus. La censure religieuse commença d'abord par prendre le visage de l'Inquisition. Du latin « inquisitio », la recherche ou l'enquête judiciaire, l'inquisition désigne une juridiction ecclésiastique d'exception instituée par le pape Grégoire IX pour la répression, dans toute la chrétienté, des crimes d'hérésie et d'apostasie, des faits de sorcellerie ou de magie[74]. En 1741, Louis XV institue la censure pour remplacer la censure religieuse, aux mains de la Sorbonne.

L'Index est créé en 1557 : il indiquait les livres qu'on ne pouvait lire que pour des motifs professionnels soumis à l'appréciation de l'évêque diocésain. Il est un catalogue officiel des livres interdits aux catholiques. Établi au XVIème siècle, il a été supprimé par l'autorité romaine en 1966. L'Index faisait une publicité gratuite aux titres qu'il prohibait. Des listes de morceaux à expurger conduisaient les lecteurs aux « livres, chapitres et lignes » où se trouvaient les passages antipapistes, soulageant ainsi les propagandistes protestants du soin de chercher eux-mêmes les citations anticatholiques extraites d'éminents auteurs et d'oeuvres respectées.

S'agissant de la Bible, elle reçut au Moyen-Âge la dénomination de Vulgate, et fut le premier livre imprimé par Gutenberg à Mayence. Plus de cent éditions de la Bible en latin ont été imprimées de 1440 à 1520. Plusieurs fois rééditée, elle fut soumise, par ordre du pape Sixte V, à une révision complète et devint, en 1590, sous le nom d'édition Sixto-Clémentine, la version latine officielle de l'Eglise catholique. Des versions partielles de la Bible, en dialecte normand, circulaient en Gaule depuis le X ème siècle. Au début du XIII ème siècle, l'on vit apparaître à Paris une Bible française complète en manuscrit. Mais il faudra attendre

74 Cf. La Censure et ses formes, travail pratique réalisé par E. Martinez et compagnons (http://sergecar.club.fr/TPE/Censure/censure.htm).

l'invention de l'imprimerie pour voir se répandre la Bible en langue vulgaire. Les traductions les plus connues sont, celle de Lefèbvre d'Etaples, faite sur le texte latin, imprimée partiellement à Paris en 1523 et partiellement à Anvers en 1528, puis la Bible dite de Louvain, révision de la précédente, parue à Louvain en 1550. Entretemps, la Réforme prenant de l'extension, avaient paru successivement, en 1522-1534 la version allemande de Luther, en 1535 la version française de Robert Olivétan, en 1535 aussi la version anglaise de F.R. Tindals et Miles Coverdale. Au XVII ème siècle, on signale le Nouveau Testament dit de Mons (1667), œuvre des solitaires de Port-Royal, et la version de Le Maître de Sacy, en 1695, qui est encore d'usage aujourd'hui.

Actuellement de nombreuses versions de la Bible, de valeur inégale, circulent, tant chez les protestants que chez les catholiques. Du côté protestant, on signale la version Reuss (1874) et celle de Segond, adoptée par les Sociétés bibliques, la version synodale (1910) et la Bible du Centenaire, publiée de 1918 à 1942, in folio, avec notes, à l'occasion du centenaire de la Société biblique de Paris.

Du côté catholique, après la Bible de Fillion (1898), qui n'est plus d'usage, on signale la Bible de Crampon, parue pour la première fois à Tournai en 1894, plusieurs fois mise à jour et réimprimée. Elle était, en 1951, la seule édition catholique manuelle. On mentionne également la Bible de Jérusalem, œuvre collective éditée par les Dominicains de l'Ecole biblique de Jérusalem et bien d'autres.

Les missionnaires catholiques, à la différence des protestants, n'ont pas considéré la traduction de la Bible comme la tâche primordiale de leur mission. Selon Robert Prélot, « le protestant apporte le livre de la Bible et attend le résultat ; le catholique apporte avec l'Eglise et son organisation, sa doctrine et les sacrements »[75]. Si les catholiques ont pris du retard en ce domaine, cela est dû au fait que pendant trois cents ans ils gardèrent une attitude de méfiance vis-à-vis de la Bible. Le concile de Trente devant l'invasion luthérienne et calviniste avait défendu la lecture de la Bible aux fidèles, excepté dans des traductions accompagnées de commentaires conformes à la tradition catholique. Ce faisant, les catholiques désapprirent la lecture des livres saints. Mais les papes rétablirent la Bible dans ses droits : cf. notamment les encycliques *Providentissimus* de Léon XIII (1893), *Spiritus Paraclitus* de Benoît XV (1920) et *Divino afflante Spiritu* de Pie XII (1943), on signalera également la création de la commission Biblique pontificale (1902).

75 R. PRELOT, *La Presse catholique dans le tiers monde*, édit., Saint-Paul, Paris, 1968, p.30.

Selon Elisabeth Eisenstein, « le désir de répandre la bonne nouvelle, une fois que l'imprimerie permit de le satisfaire, contribua à la fragmentation de la chrétienté. Sous la forme de la Bible luthérienne ou de la Bible de Jacques Ier (la version autorisée), le livre sacré de la civilisation occidentale devint plus insulaire au fur et à mesure qu'il devenait plus populaire »[76].

Pour l'Eglise de la Contre-réforme, il était évident que la pratique religieuse en famille ouvrait la voie à la subversion. Aussi découragea-t-elle la « lecture domestique de la Bible » sans créer une autre forme d'exercice de piété en famille.

Dans l'Europe protestante, l'influence de l'imprimé détermina deux orientations opposées : d'un côté les courants « érasmiens » tolérants et, de l'autre, basée sur l'étude critique de la Bible et le modernisme, et vers un dogmatisme renforcé, culminant dans le fondamentalisme biblique.

Au demeurant, la Contre-Réforme du XVIème siècle usa de l'imprimerie pour essayer de récupérer les chrétiens acquis aux idées des réformateurs ou simplement pour barrer la route à ces derniers. D'autre part, les imprimeries catholiques servirent lucrativement l'Eglise romaine. Elles produisirent des bréviaires et des ouvrages de dévotion pour les prêtres de lointaines missions, des manuels pour les séminaires dirigés par les nouveaux ordres, toute une littérature dévote destinée aux laïcs pieux, et des brochures qui furent utilisés plus tard par la congrégation de la Propagande. Celle-ci, créée en 1622 sous le pontificat de Grégoire XV, avait pour but de « divulguer le christianisme dans les régions où l'annonce chrétienne n'était pas encore arrivée et de défendre le patrimoine chrétien sur les lieux où l'hérésie avait mis en discussion l'authenticité de la foi ».

Dans la pratique, Propaganda Fide était donc la Congrégation qui avait pour tâche d'organiser toute l'activité missionnaire de l'Eglise. Aujourd'hui, cette Congrégation s'appelle depuis 1988, la « Congrégation pour l'évangélisation des Peuples ».

La naissance du mot propaganda et de la propagande en tant que telle remonterait ainsi au XVIIème siècle. La congrégation de la propagation de la foi, « de propaganda fide » en latin, d'où le nom de « propagande » donné parfois à cette congrégation dirige et coordonne

76 E. EISENSTEIN, *Op. Cit.*, p. 202.

l'ensemble de l'œuvre et de la coopération missionnaire[77]. Cette congrégation avait le but purement hégémonique de diffuser la foi catholique avec tous les moyens possibles.

Au XIX ème siècle, avec le développement de la démocratie et des systèmes électoraux, ce terme prend la signification de propagation d'idées puis, plus tard, de doctrines politiques.

Jusqu'au début du XX ème siècle les Etats ne se sont pas intéressés à la diffusion de leur propagande vers le peuple. La propagande est entrée dans l'ère moderne avec la première guerre mondiale, pendant laquelle mensonges et trucages vont devenir un mode d'action ; c'est le fameux « bourrage de crâne ». Affiches et cartes postales seront les principaux vecteurs du message étatiste vers le peuple[78].

Terminons ce point en disant que la propagande ecclésiale s'est faite entre autre aux moyens des livres, des affiches, elle a été favorisée par l'imprimerie.

77*Théo. L'Encyclique catholique pour tous*, édit., Droguet- Ardent, 1992, p. 1031.
78 Cf. « La télévision comme outil de contrôle social », n° 8.

Conclusion

Le livre sert ainsi de médias dans le rapport avec Dieu, ainsi que dans le contact avec autrui. Il permet un enrichissement spirituel personnel et sert également de partage de connaissance avec d'autres personnes. L'Eglise s'est investie dans la fabrication et la diffusion des livres, en en étant le foyer et en offrant le cadre propice à son développement.

Dans cet ouvrage, nous avons montré la place des images (tympans, chapiteaux, vitraux) dans l'évangélisation en soulignant qu'elles restent la forme la plus développée de la « culture religieuse » médiévale, et de « l'histoire sainte » (alors que l'Islam s'en méfie). Les images rapprochent les fidèles de certaines réalités et ou situations touchant à la foi et contribuent à une « héroïsation » des saints et des martyrs. Elles jouent aussi un rôle non moins important dans la liturgie.

Nous avons ensuite abordé les questions relatives à la place de l'humanisme, de la Renaissance, de la Réforme et de la Contre–Réforme dans le progrès de l'imprimerie d'une part, et d'autre part le rôle de l'imprimerie dans la diffusion des idées nouvelles. Cette étude nous a permis de voir comment l'écart s'est peu à peu creusé entre le Catholicisme et le monde ambiant. Nous avons enfin parlé des rapports entre l'Eglise et l'imprimé.

En effet, l'Eglise romaine connut, à la fin du XVI ème siècle et au XVII ème, une profonde transformation qu'avaient préparées de longues recherches. Aussi n'est-il plus question, de nos jours, de faire commencer au concile de Trente l'histoire de ce renouvellement. Le rajeunissement de l'Eglise catholique et l'évolution de sa spiritualité se sont donc opérés en deux temps : celui de la Préréforme et celui qui s'ouvrit avec le concile de Trente ; celui des efforts dispersés et celui de la reprise en main autoritaire, laquelle n'aurait pu aboutir sans l'obscur et parfois décevant travail de préparation opéré avant les années 1540. Mais la réciproque n'est pas moins vraie. Dans une Eglise aussi centralisée que celle de Rome, la rénovation ne pouvait s'imposer à l'ensemble des fidèles par le seul jeu d'initiatives venues de la base et tant que la volonté de la hiérarchie – Papauté et corps épiscopal – faisait défaut[79]. Dès lors, lorsque Luther, Calvin et les pères du concile de Trente insistèrent pour que la Parole de Dieu fût enseignée aux fidèles, ils se situèrent dans le sillage des grands prédicateurs de la Préréforme : Jean Huss, Bernardin de Sienne, Savonarole, etc.

79 J. DELUMEAU et M. COTTRET, *Op. Cit.*, pp. 63- 64.

L'Italie de la Renaissance, si païenne à certains égards, connut cependant les premiers symptômes d'une mutation religieuse à un moment où Luther n'avait pas fait parler de lui et où, en tout cas, le concile et le Pape n'avaient pas encore repris l'Eglise en main.

La création de la première congrégation de clercs réguliers de l'histoire, les Théatins (1524), correspondait à un besoin du temps. Celle-ci fut bientôt suivie par celles des Barnabites, des Somasques et des Jésuites, toutes antérieures à la réunion du concile de Trente. Ces « prêtres réformés », vivant au milieu du peuple chrétien, voulaient donner l'exemple de la vertu sacerdotale, enseigner le catéchisme, s'occuper des orphelins, rendre au culte décence et solennité, conduire les fidèles vers les sacrements[80]. Dans la mesure où elle gardait ses structures traditionnelles, l'Eglise romaine, prise dans son ensemble, ne pouvait donc se régénérer que si la tête se réformait. Il fallut le choc de la sécession protestante pour qu'on s'y décidât.

De fait, selon Régis Debray, la Réforme fut le soulèvement du signe contre l'image. Du livre saint contre la statue du saint. De la sainte lecture, familiale ou privée, contre la sainte communion. La Réforme a été à la base de la « démocratisation » de la lecture biblique. Lire la Bible devient une affaire de tous et cela grâce à l'imprimerie. On assiste ainsi à une multitude d'organisation autour d'elle, les liens ecclésiaux se délitent, mais le sentiment d'appartenir à une même nation demeure ; ce qui fait dire à Régis Debray que « desserrant les liens religieux, l'imprimé avait renoué le lien civique (…)[81]».

Mouvement de balancier qui a sa traduction sociale, l'imprimé précipitait l'ascension de la bourgeoisie de robe et le déclin de la bourgeoisie d'épée. Les dominances permutent. Les sacralités symboliques aussi. L'imprimerie accélère le transfert d'*aura* du Livre de Vérité aux livres des vérités, c'est-à-dire du monastère à l'université, du cloître à la ville, du prêtre au lettré. Les marches vers l'*aura* sociale s'inversent en conséquence. Sous la féodalité, l'Ecriture étant d'Eglise, chevaliers et manants vivaient en culture orale et gestuelle. Les manants s'embourgeoisent, se font légistes et clercs d'Etat, férus de droit romain. L'histoire sociale de l'imprimé, du XVI ème au XX ème siècle, peut se lire comme la longue lutte des dominés pour s'approprier, à la suite de ceux-là, péniblement, la culture du texte. Nous vivons la Contre-Réforme de l'image contre le signe, de la musique contre la lecture et de l'audiovisuel contre les tableaux noirs.

---

80 J. DELUMEAU et M. COTTRET, *Idem.*, pp. 66- 67.
81 R. DEBRAY, *Cours de médiologie générale*, édit., Gallimard, Paris, 1991, p. 364.

BIBLIOGRAPHIE

AKOUN, A., *Sociologie des communications de masse* (coll. Les fondamentaux), édit., Hachette, Paris, 1997, 157 p.

ALBERTO, M., *Une histoire de la lecture. Arles : Actes-Sud*, édit., Babel, 1998.

AULOTTE, R., *Le XVI ème siècle. Littérature française*, Presses Universitaires deNancy, Nancy, 1991.

BABIN, P. et ZUKOWSKI, A, *Médias une chance pour l'évangile*, édit., Lethielleux, Paris, 2000, 233 p.

BACQUET, A. *Médias et christianisme*, édit., Le Centurion, Paris, 1984, 173 p.

BALLE, F., *Médias et sociétés. Presse-édition-internet-radio-cinéma-télévision-télématique-cédéroms-DVD-Réseaux multimédias* (coll. Domat politique), édit., Montchréstien, Paris, 1999, 811 p.

BALLE, F., *Médias et sociétés. Presse- Audiovisuel – Télécommunications* (coll. Domat politique), édit., Montchrétien EJA, Paris, 1992, 735 p.

BARBERINI, G., *Le Saint Siège*, édit., du Cerf, Paris, 2003, 236 p.

BARBIER, F et BERTHOLAVENIR, C., *Histoire des médias. De Didérot à Internet* (coll. Histoire), édit., Armand Colin, Paris, 2000, 397 p.

BEAUVALET, C. et alii, *Dynamique chrétienne de la communication moderne. Essais de réflexion pastorale*, édit., Mame, 1966, 329 p.

BELISLE, C et alii., *Pratiques médiatiques. 50 mots clés* (coll. CNRS Communication), édit., CNRS, Paris, 1999, 428 p.

BENNASSAR, B. et JACQUART, J., *Le XVIème siècle*, édit., Armand Colin, Paris, 1990, 291 p.

BERCE, Y-M. et alii, *Le XVII ème siècle* (1620-1740) (coll. Histoire Université), édit., Hachette, Paris, 1992, 352 p.

BOULLET, M., *Le choc des médias* (coll. L'héritage du concile), édit., Desclée, Paris, 1985, 298 p.

BOURGEOIS, H., *Intelligence et passion de la foi*, édit., Desclée de Brouwer, 2000, 381 p.

BRETON, P. et PROULXS, S., *L'Explosion de la communication* (coll. Scienceshumaines et sociales), édit., La Découverte, Paris, 1999, 324 p.

CAMILLE, M., *Images dans les marges : aux limites de l'art médiéval*, édit., Gallimard, Paris, 1997

CARRIER, J-P., *Initiation aux médias. Vocabulaire et pratiques d'informations*, édit., Privat, Toulouse, 1989, 206 p.

CHARTIER, R., *Culture écrite et société*, édit., Albin Michel, Paris, 1996.

CHARTIER, R. et alii, *Histoire de la lecture. Un bilan de recherches*, édit., de la Maison des sciences de l'homme, Paris, 1995.

CHAUNU, P., *Le temps des Réformes. Histoire religieuse et système decivilisation* (coll. Le monde sans frontière), édit., Fayard, Paris,1975, 570 p.

CHRISTIAN, V., *Du papyrus à l'hypertexte*, édit., La Découverte, Paris, 1999.

CHRISTIN, A-M., *Culture écrite ou la déraison graphique*, édit., Flammarion, Paris, 1995.

COLTICE, J-J, *Comprendre la presse. Informer hier et demain*, imprimerie des Monts Lyonnais (iml), 1995, 128 p.

D'ALMEIDA, F et DELPORTE, C., *Histoire des médias en France. De la grande guerre à nos jours*, édit., Flammarion, France, 2003, 434 p.

De BROUCKER, J., *La presse catholique en France* (coll. Fréquences), édit., du Centurion, Paris, 1992, 165 p.

DEBRAY, R., *Cours de médiologie générale* (coll. Bibliothèque des idées), édit., Gallimard, Paris, 1991, 395 p.

DEFOIS, G. et TINCQ, H., *Les médias et l'Eglise. Evangélisation et information :le conflit de deux paroles* (coll. Les médias et l'histoire), édit., CFPJ, Paris, 1997, 157 p.

DELUMEAU, J et COTTRET, M., *Le catholicisme. Entre Luther et Voltaire* (coll. L'Histoire et ses problèmes), PUF, Paris, 1971, 494 p.

De MONTCLOS, X., *Brève histoire de l'Eglise de France* (coll. Histoire), édit., du Cerf, Paris, 2002, 207 p.

EISENSTEIN, E., *La Révolution de l'imprimé. A l'aube de l'Europe moderne* (coll. Hachette littératures), édit., La Découverte, Paris, 1991, 348 p.

ELLUL, P., *Propagandes*, édit., Economica, Paris, 1990, 361 p.

FARGE, A., *Dire et mal dire : l'opinion publique au XVIII ème siècle*, édit., duSeuil, Paris, 1992, 310 p.

FEBVRE, L., et MARTIN, H-J., *L'Apparition du livre*, édit., Albin Michel, Paris, (1971)1999, 592 p.

Feyel, G., La Presse en France. Des origines à 1944, (coll. Infocom), édit., Ellipes, 1999, 192 p.

Histoire de la lecture dans le monde occidental (Sous la dir. de Guglielmo, C. et Chartier, R.), édit., du Seuil, Paris, 1997.

Histoire de l'édition française. Le livre concurrencé 1900 – 1950 (Sous la dir. de Roger Chartier et Henri-Jean Martin), édit., Fayard, Paris, 1991, 724 p.

Histoire de l'édition française. Le temps des éditeurs. Du romantisme à la belle Epoque, édit., Fayard, Paris, 1990, 669 p.

Histoire de l'édition française. Tome 1 *Le livre conquérant. Du moyen Âge au milieu du XVII ème siècle*, édit., Promodis, Paris, 1982, 629 p.

Histoire du Christianisme. Les défis de la modernité (1750-1840), édit., Desclée de Brouwer, Paris, 1997, 1002 p.

Histoire et pouvoirs de l'écrit (sous la dir. de Henri -Jean Martin), édit, Librairie Académique Perrin, Paris, 1990, 518 p.

Histoire et communication (sous la dir. de Pascal Lardellier), édit., L'Harmattan, Paris, 1999, 181 p.

HOURDIN, G., *La Presse catholique*, Librairie Arthème Fayard, Paris, 1957, 117p.

LABARRE, A., *Histoire du livre* (Que sais-je ?), PUF, Paris, 1970.

Le commerce de la librairie en France au XIXème siècle. 1798-1914 (sous ladir. de Jean Yves Mollier), (coll « In Octavo »), édit., de la Maison des sciences de l'homme, Paris, 1997, 450p.

Le livre français. Hier, aujourd'hui, demain (sous la dir. de Julien et alii), édit., Imprimerie nationale, Paris, 1972.

Les Eglises et les Médias. Actes du VIIème colloque international (15 et 16avril 1993), édit., de l'Institut de droit et d'histoire canonique,Aix-en-Provence. 1993, 257 p.

Les Trois révolutions du livre, édit., de l'Imprimerie nationale, Paris, 2002, 512p.

Les usages de l'imprimé (XVème –XIXème siècle) (sous la dir. de RogerChartier), édit., Fayard, Paris, 1987, 446 p.

Les Médias. Textes des Eglises, édit., Centurion, Paris, 1990, 463 p.

L'Europe et le livre. Réseaux et pratiques du négoce de librairie XVI – XIX ème siècles (sous la dir. de F. Barbier, Sabine Juratic et Dominique Varry), (coll. Cahiers d'histoire du livre), édit., Klincksieck, 1996, 665 p.

MANGUEL, A., *Une histoire de la lecture. Arles : Actes-Sud*, édit., Babel, 1998,130 p.

MATHIEN, M., *Economie générale des médias* (coll. Infocom), édit., Ellipses, Paris, 2003, 240 p.

MATTELART, A. et MICHELE, *Histoire des théories de la communication* (coll. Repères), édit., La Découverte, Paris, 1997, 125 p.

MERCATOR, P., *La fin des paroisses ? Recomposition des communautés, aménagement des espaces*, édit., Desclée De Brouwer, Paris, 1997, 191 p.

Mc LUHAN, M., *Pour comprendre les média. Les prolongements technologiquesde l'homme*, édit., Mame, Paris, 1968, 390 p.

MORIENVAL, J., *Sur l'Histoire de la presse catholique en France. Rapport pour l'exposition rétrospective de la presse catholique française au Vatican en 1936*, édit., Alsatia, Paris, sd., 55 p.

NETZ, R., *Histoire de la censure dans l'édition* (coll. Que sais- je ?) PUF, Paris, 1997, 128 p.

PAUL VI, *Evangélisation et mass médias*. Extrait de l'exhortation apostolique *l'évangélisation dans le monde moderne*, 1975.

PELLETIER, D., *Les catholiques en France depuis 1815* (coll. Repères), édit., La Découverte, Paris, 1997, 130 p.

PIERRARD, P., *Un siècle de l'Eglise de France. 1900/2000*, édit., Desclée de Brouwer, Paris, 2000, 250 p.

POTEL, J., *Les mass-media. Presse, radio, cinéma, télévision, publicité...ce qu'en pensent prêtres et religieuses* (coll. Recherches pastorales), édit., Fleurus, Paris, 1969, 171 p.

POTEL, J., *L'Eglise catholique en France. Approches sociologiques*, édit., Desclée de Brower, Paris, 1994, 222 p.

PRELOT, R., *La Presse catholique dans le Tiers Monde,* édit., Librairie Saint-Paul,Paris, 1968, 320 p.

Presse, édition, multimédia, publication de Bayard, Paris, 2005, 58 p.

ROBERT, M., *La lettre et l'image : la figuration dans l'alphabet latin du huitième siècle à nos jours*, Gallimard, Paris, 1970.

ROCHE, D., *Les Républicains des lettres. Gens de culture et Lumières au XIIIème siècle,* édit. Fayard Paris, 1988.

SHENWEN Li, *Stratégies missionnaires des jésuites français. En Nouvelle-France et en Chine au XVII ème siècle*, édit., L'Harmattan, Paris, 2001, 335 p.

SUTTER, E. *Le marketing des services d'information. Pour un usage de l'information documentaire* (coll. Systèmes d'Information et Nouvelles technologies), édit. ESF, Paris, 1994, 207 p.

Théo. Encyclopédie catholique pour tous, édit., Droguet-Ardent, Paris, 1992, 1327 p.

WOLTON, D., Internet et après ? Une théorie critique des nouveaux médias, édit., Flammarion, Mayence, 1999, 235 p.

Table des matières

Printed by Books on Demand GmbH, Norderstedt / Germany